DIREITO CIVIL

PARTE GERAL

DIREITO CIVIL

PARTE GERAL

MARIA CECILIA GARRETA PRATS CANIATO

Advogada desde 1972, com expressiva atuação na área de Direito Civil, participa de comissões jurídicas relativas à Propriedade Intelectual.

editora HARBRA

Supervisão Editorial: Maria Pia Castiglia
Revisão de Texto: Maria Lúcia G. Leite Rosa
Revisão de Provas: Grasiele L. Favatto Cortez
Editoração Eletrônica: Mônica Roberta Suguiyama
Capa: Fernando Mendes
Impressão e Acabamento: RR Donnelley

DIREITO CIVIL – PARTE GERAL

Rua Joaquim Távora, 629 e 779
04015-001 São Paulo – SP
Promoção: (011) 5084-2482 e 5571-1122. Fax: (011) 5575-6876
Vendas: (011) 5084-2403, 5549-2244 e 5571-0276. Fax: (011) 5571-9777

ISBN 85-294-0268-5

Impresso no Brasil *Printed in Brazil*

Ao meu inesquecível pai.
Aos meus queridos marido e filhas pelo apoio,
estímulo e paciência durante a realização deste trabalho.

CONTEÚDO

Apresentação

Nosso Código Civil está dividido em duas partes. O legislador, neste caso, manteve a sistemática do velho Código de 1916, no que andou bem.

Essa parte geral é como uma base sobre a qual se assenta o ordenamento que vem a seguir na Parte Especial. Com efeito, temos aqui os elementos básicos da lei civil: as pessoas, tanto natural como jurídica, sem as quais não existiriam os sujeitos do direito. Mas essas pessoas estão em algum lugar determinado, que é o domicílio e tratam de bens em suas diferentes classes, com os quais se realizam negócios jurídicos, negócios que devem ser demonstrados e, quando necessário, provados.

A parte geral do Código, desta forma, estabelece, numa seqüência lógica, as bases sobre as quais vão assentar-se os elementos que constituem sua Parte Especial. Nela se estabelecem as normas sob as quais regulam-se as relações da sociedade.

A autora enfoca os diferentes aspectos da Parte Geral, analisando, ponto por ponto, seus elementos constitutivos e dando, de forma didática, os elementos para uma análise profunda daquilo que é, sem dúvida, a base estrutural da lei civil maior.

Os direitos de personalidade mereceram atenção especial, o que não aconteceu no velho código de 1916, o que, sem dúvida, constitui um reflexo das conquistas do nosso tempo. O ser humano assume, plenamente, direitos que a ele se integram, tornando-o centro e ator de todo o processo social.

Os direitos da personalidade são atualizados também a partir de uma conexão com os direitos do autor, os quais emanam e dizem respeito ao próprio ser. O corpo, a imagem, a palavra e, em torno desses elementos, a obra criativa, vão integrar elementos da personalidade que o Código Civil considera e garante, incorporando ao texto legal aquilo que já era o pensamento predominante em nossos tribunais.

A simplicidade da linguagem não tira, a esta obra, em sua síntese, a maturidade necessária a compreensão dos fenômenos jurídicos, servindo, assim, plenamente ao estudante que necessita desbravar os caminhos do nosso sistema jurídico e, também, ao advogado militante que deve ter em mãos os instrumentos que permitem levar, vitoriosamente, suas causas a apreciação de nossos tribunais.

Nosso propósito é analisar o Código Civil através de uma linguagem simples, mas profunda, capaz de transmitir conhecimentos sólidos e acessíveis. A lei deve estar ao alcance de quem a pratica e aplica.

A autora, alcançou esse objetivo. No final da obra há uma apanhado de decisões judiciais adequadas a pontos importantes abordados pela autora e que, certamente, serão de grande utilidade na prática forense.

Os editores

Prefácio

O Código Civil, Lei 10.406 de 10 de janeiro de 2002, cuja vigência se deu no ano de 2003, esteve em tramitação por 26 anos, tempo em que ocorreram inúmeros estudos e discussões, diante da grandeza e profundidade da matéria a ser legislada.

Participaram dessas discussões estudiosos do direito que muito contribuíram para que o Código viesse a corresponder aos anseios da sociedade. O grande jurista Miguel Reale foi o maestro que conduziu a orquestra de modo que, com tantos ensaios, pudesse chegar a uma completa afinação e apresentasse essa grande obra aos cidadãos brasileiros.

Novas disposições foram incluídas no Código, decorrentes de questões relacionadas com a evolução do mundo moderno e que, em grande parte, foram objeto de jurisprudências advindas dessas matérias que não estavam previstas na legislação anterior, ou geravam conflitos que foram sendo solucionados, ao longo do tempo, pelos Tribunais de nosso país.

Não por acaso Miguel Reale foi convidado a ser o que chamamos de maestro, pelo seu conhecimento jurídico ímpar e pela visão jurídico-filosófica que tem do "ser" e do "direito".

Esta é a visão de Miguel Reale:

"Conhecimento científico é conhecimento no sentido da generalidade, enquanto que o conhecimento filosófico é conhecimento do universal.

E o Homem, cujo 'ser' não é senão o 'dever ser', 'não é apenas um realizador de interesses, de coisas valiosas ou de bens, porque é também um ser que sente a indeclinável necessidade de proteger o que cria, de tutelar as coisas realizadas e de garantir para si mesmo, acima de tudo, a possibilidade de criar livremente coisas novas' ". (Filosofia do Direito, São Paulo: Saraiva, 1957, p. 80 e 218).

O trabalho apresentado neste livro não tem o objetivo de estabelecer comparações entre o código anterior e o vigente, mas sim de tecer detalhadamente comentários sobre cada artigo, já que esta é a nova realidade com a qual conviveremos doravante.

Maria Cecilia Garreta Prats Caniato

1

Introdução

A Lei 10.406 de 10 de janeiro de 2002 passou a vigorar após um ano de sua publicação, tornando-se obrigatória a partir de 11 de janeiro de 2003, conforme disposto no art. 2.044.

Sempre que há uma nova lei, de cuja vigência depende um determinado tempo, esse interregno temporal denomina-se *vacatio legis.* Trata-se de vacância necessária para que a sociedade tenha conhecimento da regra imposta, inclusive para estudos e adequação da nova sistemática legal.

Todavia, uma importante questão surge nesse interregno. É a de saber que lei deverá ser aplicada. Tem-se, pois, que no período entre a publicação da lei e sua vigência deve-se aplicar a lei antiga, ficando esta revogada somente a partir da data determinada para a entrada em vigor da nova lei.

Ademais, a revogação de leis anteriores deve estar contida expressamente na lei nova, como aconteceu no atual Código Civil que revogou, de acordo com o art. 2.045, o anterior Código, Lei 3.071, de

1º de janeiro de 1916, bem como a Primeira Parte do Código Comercial, Lei 556, de 25 de junho de 1850.

É certo que o advento de uma lei nova traz ainda outras questões como as relativas à aplicação das regras atuais em relação aos fatos realizados sob a égide da lei anterior. Nestes casos, o direito a ser aplicado é o direito intertemporal que na lição de H. Valadão foi criado para disciplinar tais fatos: "E sendo o direito o forjador de suas próprias normas, e regendo-se o direito pelo próprio direito, mister se fez de disciplinas jurídicas *que viessem regular esses fatos em contato com ordens jurídicas contrárias no tempo*. Assim, pois, para disciplinar tais fatos, criou-se o direito intertemporal".[1]

Primeiramente deve-se analisar os atos praticados sob a lei anterior, à luz da Constituição Federal que consagra o princípio da irretroatividade da lei dispondo no art. 5º, XXXVI, que esta não prejudicará o direito adquirido, o ato jurídico perfeito e a coisa julgada.

Na lição de Celso Ribeiro Bastos "*O direito adquirido consiste na faculdade de continuar a extraírem-se efeitos de um ato contrário aos previstos pela lei atualmente em vigor, ou, se preferirmos, continuar-se a gozar dos efeitos de uma lei pretérita mesmo depois de ter ela sido revogada. Portanto, o direito adquirido envolve sempre uma dimensão prospectiva, vale dizer, voltada para o futuro. Se se trata de ato já praticado no passado, tendo aí produzido todos os seus efeitos, é na verdade consumado, que não coloca nenhum problema de direito adquirido*".[2]

Diz ainda o jurista que "*o ato jurídico perfeito está compreendido no direito adquirido. Em outras palavras, não se pode conceber um direito adquirido que não advenha de um ato jurídico perfeito*".

Prosseguindo, acentua: "*ato jurídico perfeito é aquele que se aperfeiçoou, que reuniu todos os elementos necessários à sua formação, debaixo da lei velha. Isto não quer dizer que ele encerre no seu bojo um direito adquirido. O que o constituinte quis foi imunizar o portador do ato jurídico perfeito contra as oscilações de forma aportadas pela lei.*

[1] VALLADÃO, Haroldo. *Direito intertemporal* – Enciclopédia Saraiva de Direito. São Paulo: Saraiva, 1977. v. 27, p. 223.

[2] BASTOS, Celso Ribeiro. *Comentários à constituição do Brasil*. São Paulo: Saraiva, 1988. v. 2, p. 193.

Assim, se alguém desfruta de um direito por força de um ato que cumpriu integralmente as etapas para sua formação debaixo da lei velha, não pode ter este direito negado só porque a lei nova exige outra exteriorização do ato".[3]

A coisa julgada é a decisão judicial transitada em julgado, isto é, aquela que não é mais passível de recurso.

É indispensável, pois, o operador do direito ter presente esse exame, diante dos casos ocorridos na lei revogada, devendo para tanto observar os princípios do direito adquirido, do ato jurídico perfeito e da coisa julgada.

Por outro lado, existem situações que ficam pendentes entre a passagem da lei velha e o advento da nova lei. Para estes casos, a lei nova estipula disposições que têm vigência temporária. São as denominadas disposições transitórias.

O Código Civil disciplinou as disposições transitórias e as finais, dispondo sobre a data de entrada em vigor da lei e determinando a revogação da lei anterior, nos arts. 2.028 ao 2.045.

[3] BASTOS, Celso Ribeiro. *Op. cit.* v. 2, p. 197.

Parte I

DAS PESSOAS

2

Da Personalidade e da Capacidade

O Código Civil é composto de duas partes. A geral e a especial. Aqui vamos tratar da parte geral que é o elemento de unidade do código e sua base estrutural. De acordo com suas regras é que devem ser analisadas aquelas que constam da parte especial.

Das Pessoas Naturais

Pessoa como ser humano – compreende todo o ser humano, independentemente de sexo, idade, raça, religião, ou qualquer outra condição. É aquele que é dotado de consciência ou não, e é representado por seu comportamento, por seus sentimentos e por suas relações. É a pessoa natural e física.

Pessoa em filosofia é o ser humano; já no mundo jurídico é o sujeito de direito. É o ente capaz de adquirir direitos e obrigações, podendo ser tanto pessoa natural, como pessoa jurídica, nos termos que a lei estabelece.

De Plácido e Silva define pessoa natural como *"o ente humano ou o homem, juridicamente considerado. É encarado como sujeito de direito por excelência"*. Já a pessoa jurídica, *"em oposição à pessoa natural, expressão adotada para indicação da individualidade jurídica constituída pelo homem, é empregada para designar as instituições, corporações, associações e sociedades que, por força ou determinação da lei, se personalizam, tomam individualidade própria, para constituir uma entidade jurídica, distinta das pessoas que a formam ou que a compõem"*.[4]

No direito, é forçoso dizer que em toda a relação há um sujeito, com direitos e obrigações.

Toda pessoa é capaz de direitos e deveres na ordem civil (art. 1º) e, com isso, a lei lhe confere a capacidade de direito e a capacidade de exercício desse direito.

Ensina Washington de Barros Monteiro que: *"...capacidade é elemento da personalidade. Esta, projetando-se no campo do direito, é expressa pela idéia de pessoa, ente capaz de direitos e obrigações. Capacidade exprime poderes ou faculdades; personalidade é a resultante desses poderes; pessoa é o ente a que a ordem jurídica outorga esses poderes"*. [5]

A pessoa tem a *capacidade* de direito e, por ser capaz de direitos e obrigações na esfera civil, tem também a capacidade de exercício desses direitos.

Personalidade Civil

A personalidade civil da pessoa começa com seu nascimento, desde que com vida, mas são assegurados pela lei os direitos do nascituro a partir da concepção (art. 2º). Isto quer dizer que, para ser considerada a personalidade civil é necessário que a pessoa nasça com vida, mesmo que após o nascimento venha a falecer. Se nascer morta, não adquire a personalidade civil. A personalidade civil é um atributo que a sociedade confere à pessoa humana, vinculado a sua própria existência.

[4] SILVA, De Plácido e. *Vocabulário jurídico.* Rio de Janeiro: Forense, 1980. v. 3, p.1160-1161.

[5] MONTEIRO, Washington de Barros. *Curso de direito civil* – Parte geral. São Paulo: Saraiva, 1977. v. 1, p. 59.

A lei assegura, no entanto, os direitos do nascituro, desde sua concepção. Isto se deve ao fato de que, apesar de ainda não ter vida, o nascituro tem direitos, como é o caso do direito sucessório. Tal é o caso do pai que falece ao tempo da gestação da mãe. O nascituro tem seu direito assegurado na herança do pai falecido, concorrendo com os demais herdeiros, se houver, conforme disposto no Código Civil – capítulo III – Da Vocação Hereditária, art. 1.798:

> *"Legitimam-se a suceder as pessoas nascidas ou já concebidas no momento da abertura da sucessão".*

De outra parte os filhos ainda não concebidos podem ser legitimados a suceder por sucessão testamentária, de acordo com o preceito do art. 1.799, inciso I, do Código Civil, que indica:

> *"os filhos, ainda não concebidos, de pessoas indicadas pelo testador, desde que vivas estas ao abrir-se a sucessão".*

Incapacidade

O direito civil traz restrições absolutas às pessoas para exercerem pessoalmente os atos da vida civil. Em seu art. 3º, o Novo Código Civil dispõe três situações taxativas, em que são considerados absolutamente incapazes

> *"I. os menores de dezesseis anos";*

que são os chamados menores impúberes;

> *"II. os que, por enfermidade ou deficiência mental, não tiverem o necessário discernimento para a prática desses atos;*
> *III. os que, mesmo por causa transitória, não puderem exprimir sua vontade".*

Assim, as pessoas descritas nos incisos I, II e III do art. 3º são consideradas absolutamente incapazes de exercer pessoalmente qualquer ato da vida civil e, em decorrência, todos os atos praticados por tais pessoas são considerados nulos. Para que seus atos tenham validade, devem ser realizados por seus representantes legais (pais, tutores ou curadores).

Entende-se o *ato nulo* como ato inexistente e, assim sendo, este não pode subsistir e nem mesmo produzir quaisquer efeitos. A exemplo, cite-se um contrato de compra e venda, realizado pessoalmente por uma das partes com insanidade mental. Tal instrumento é tido como se não houvesse existido. (art. 166 do Código Civil).

Para que os atos dos menores de dezesseis anos tenham eficácia, devem ser praticados por seus pais ou, na falta de um deles, pelo outro, – ou tutores.

A tutela tem lugar quando os filhos menores tiverem seus pais ausentes ou falecidos ou, ainda, quando os pais perdem o poder familiar. A tutela é incompatível com o pátrio poder, ou poder familiar, formulação mais adequada aos tempos de hoje, nos termos do atual Código Civil. Como diz Pontes de Miranda, *"a tutela só é admitida para os que estão fora do pátrio poder"*.[6] (arts. 1.728 e seguintes do novo Código Civil)

A curatela, como bem define Orlando Gomes, *"tem duplo alcance: ora é deferida para reger a pessoa e os bens de quem sendo maior, está impossibilitado, por determinada causa de incapacidade de o fazer por si mesmo, ora para regência de interesses que não podem ser cuidados pela própria pessoa, ainda que esteja no gozo de sua capacidade. A primeira tem caráter permanente; a outra é necessariamente temporária"* (arts. 1.767 e seguintes Código Civil).[7]

Para os menores de dezesseis anos, que até então são considerados impúberes, absolutamente incapazes, quando completada essa idade, passam a ser considerados relativamente incapazes até alcançarem dezoito anos, cessando a partir de então, totalmente sua incapacidade.

---

[6] MIRANDA, Francisco Cavalcanti Pontes de. *Tratado de direito privado.* 3. ed. Rio de Janeiro: Borsoi, 1971. t. IX, p. 254.

[7] GOMES, Orlando. *Curso de direito civil* – Direito de família. 10. ed. Rio de Janeiro: Forense, 1998. n. 199, p. 417.

Incapacidade Relativa

Existem pessoas que são consideradas pela legislação civil como *relativamente incapazes* para a prática de certos atos, ou quanto à maneira de exercê-los (art. 4º). Assim, para exercerem alguns atos, devem ser assistidas por quem a lei determinar, não podendo realizá-los pessoal ou diretamente.

São consideradas relativamente incapazes na legislação Civil, conforme consta nos incisos I ao IV do art. 4º,

> *"I. os maiores de dezesseis e menores de dezoito anos;*
> *II. os ébrios habituais, os viciados em tóxicos, e os que, por deficiência mental, tenham o discernimento reduzido;*
> *III. os excepcionais, sem desenvolvimento mental completo;*
> *IV. os pródigos".*

Os atos praticados por *pessoas maiores de dezesseis anos e menores de dezoito,* os chamados de menores púberes, para que sejam considerados válidos, devem obedecer à regra do art. 1.690 do Código Civil que determina aos pais, ou na falta de um deles ao outro, representar e assistir seus filhos até que completem a maioridade ou sejam emancipados.

Existem, no entanto, alguns atos que podem ser por eles praticados, tais como votar, se assim o quiserem, já que o voto para eles é facultativo. Podem ainda testemunhar, visto que o art. 228 em seu inciso I do Código Civil impede somente o testemunho de pessoas menores de dezesseis anos; têm capacidade para testar, conforme o disposto no parágrafo único do art. 1.860 do Código Civil.

A legislação anterior não fazia qualquer referência aos *ébrios habituais e viciados.* Estes vieram a ser considerados relativamente incapazes no atual Código Civil, o que certamente trará muitas discussões nos Tribunais, principalmente pelo fato de que, para que se reconheça tal condição, deverá ficar provado que a pessoa que praticou o ato não estava naquele momento em estado de lucidez. Deve-se considerar que muitas pessoas levadas ao vício, mesmo que habitualmente, em várias ocasiões encontram-se na plena capacidade de discernimento de seus atos, sem falar nas dificuldades técnicas para se apurar e estabelecer o grau de habitualidade de que trata a exigência legal.

Os excepcionais, sem desenvolvimento mental completo de que trata a lei (art. 4º, inciso III), são os que possuem deficiência mental, mas de forma mais amena.

Os *pródigos,* que se enquadram no inciso IV do art. 4º, são aquelas pessoas que não têm limite nos gastos de seus bens, dilapidando e desperdiçando seu patrimônio sem qualquer discernimento. No caso de interdição, de acordo com o art. 1.782 do Código Civil, o pródigo só será privado de, sem curador, emprestar, transigir, dar quitação, alienar, hipotecar, demandar ou ser demandado, e poderá praticar, em geral, os atos que não forem de mera administração. Para todos os demais atos a serem praticados pelo pródigo, não existe qualquer restrição legal.

O parágrafo único do art. 4º remete à legislação especial a capacidade dos *índios.* A Constituição Federal, arts. 231 e 232, reconhece aos índios sua organização, costumes, línguas, entre outros, competindo à União protegê-los e fazer respeitar seus bens, determinando que os índios, suas comunidades e organizações são partes legítimas para ingressar em juízo na defesa de seus direitos, impondo a intervenção do Ministério Público em todos os atos. A mesma questão ainda está disposta em legislação especial, o Estatuto do Índio, Lei 6.001 de 19 de dezembro de 1973.

Os atos praticados pelas pessoas relativamente incapazes, relacionadas nos incisos constantes do art. 4º do Código Civil, são considerados anuláveis, conforme art. 171 do Código Civil. O *ato anulável* produz efeitos até que a nulidade seja pronunciada, ou seja *ex nunc,* ao contrário do ato nulo que é como se nunca houvesse existido. Neste, os efeitos retroagem ao ato declarado nulo, ou seja, *ex tunc.*

Maioridade – Capacidade

O art. 5º, parágrafo único, e seus incisos ditam as normas relativas à cessação da menoridade.

O *caput* do art. 5º preceitua que aos dezoito anos completos a pessoa atinge a maioridade plena, adquirindo desta forma a capacidade para praticar todos os atos da vida civil.

No Código Civil anterior a menoridade cessava somente aos vinte e um anos completos. Essa diminuição deve-se ao fato de que nos dias atuais, com a velocidade da informação e comunicação, os jovens adquirem mais cedo conhecimentos e, conseqüentemente, maturidade para regular seus atos.

A incapacidade pode cessar para os menores por concessão dos pais. São duas as suas formas, a *legal* e a *voluntária* (inciso I do art. 5º).

A *emancipação legal*, como o próprio nome já diz, é realizada por determinação legal (sentença do juiz). Podemos citar como exemplo, o menor tutelado. No caso de sua emancipação, será necessária apreciação do Poder Judiciário, ouvido o tutor.

Já a *emancipação voluntária* decorre da concessão de ambos os pais, ou na falta de um deles, o outro que tiver o poder familiar sobre o emancipando. Essa emancipação só poderá ser declarada quando o filho for maior de dezesseis anos e menor de dezoito anos, hipótese em que poderá praticar todos os atos na esfera civil. É exigido pela lei que a emancipação voluntária seja efetuada através de instrumento público, não dependendo de homologação judicial.

A emancipação não é revogável. Uma vez concedida, o emancipado não perde mais a qualidade de maior.

Não se deve confundir a capacidade civil com a capacidade eleitoral. Nem sempre, apesar de já ter adquirido a capacidade civil, a pessoa poderá se candidatar a certos cargos políticos como, por exemplo, a Presidente da República, Vice-Presidente e Senador, para os quais a idade mínima exigida é de trinta e cinco anos (Constituição Federal, art. 14, § 3º, inciso VI, alínea *a*).

Outras formas de emancipação para aquisição da capacidade civil, conforme incisos II a V do art. 5º, são: casamento; exercício de emprego público efetivo; colação de grau em curso de ensino superior e o estabelecimento civil ou comercial, ou a existência de relação de emprego, desde que, em função deles, o menor com dezesseis anos completos tenha economia própria.

Através do casamento adquire-se a capacidade civil. Isto se dá, tendo em vista que o menor assume a responsabilidade familiar e, assim sendo, não seria plausível que, reunindo condições para constituir a própria família, ficasse submetido à autoridade de pai, mãe ou tutor. Note-se que o menor não retorna à condição de incapaz, mesmo sendo o casamento anulado ou rompida a sociedade conjugal.

O exercício de emprego público também é uma forma de emancipação. Todavia, deve-se levar em consideração que o emprego deve ter caráter efetivo, não ocorrendo a emancipação quando os cargos forem interinos ou em comissão, por exemplo.

A emancipação por colação de grau em curso de ensino superior é praticamente impossível, pois a capacidade plena é atingida aos dezoito anos e, para que ocorra a emancipação do menor por essa forma de emancipação, é necessário que o curso universitário seja completado antes dos dezoito anos. Na prática, o que se verifica é que, em nosso país, o menor de dezoito anos apenas ingressa, com essa idade, ao ensino superior.

O inciso V do art. 5º, refere-se à cessação da incapacidade pelo estabelecimento civil ou comercial com economia própria, desde que tenha dezesseis anos completos. Isto se dá quando o menor demonstra que tem amadurecimento e experiência para reger seus atos na vida econômica, não dependendo mais de seus pais.

Término da Existência da Pessoa Natural. A Morte

A *personalidade civil*, como já comentamos, começa com o nascimento. A existência da pessoa natural termina com a morte (art. 6º). Washington de Barros Monteiro assim se expressou: *"Os mortos não são mais pessoas. Não são mais sujeitos de direitos e obrigações. Não são mais ninguém.* Mors omnia solvit". [8]

[8] MONTEIRO, Washington de Barros. *Curso de direito civil* – Parte geral. São Paulo: Saraiva, 1977. p. 70.

Por vezes, a morte é presumida. Isto ocorre quando pessoas desaparecem. Ausente, de acordo com o ensinamento de Washington de Barros Monteiro, *"é aquele que, devido ao seu desaparecimento, é declarado tal por ato do juiz. Não basta a simples não-presença para configurar a ausência no sentido técnico. É essencial ainda a falta de notícias do ausente, de modo a existir dúvida sobre a sua existência, bem como a declaração judicial desse estado. Se pudéssemos lançar mão de uma fórmula, diríamos que: não-presença + falta de notícias + decisão judicial = ausência".* [9]

A legislação civil prevê que quanto aos *ausentes*, presume-se a morte, nos casos em que a lei autoriza a abertura da sucessão definitiva (segunda parte do art. 6º).

A morte pode ser declarada presumida, mesmo sem decretação de ausência, quando ela for extremamente provável, como é o caso de quem se encontrava em perigo de vida ou desapareceu em campanha militar ou, ainda, foi feito prisioneiro e não tiver sido encontrado até dois anos após o término da guerra (art. 7º, incisos I e II).

Para que seja declarada a morte presumida, é necessário requerer tal declaração somente após incessantes buscas e averiguações. A sentença que declara a morte presumida deve fixar a data provável da morte (art. 7º, parágrafo único).

Quando duas ou mais pessoas morrem no mesmo evento e não se podendo saber ao certo quem faleceu primeiro, presume-se que foram mortos simultaneamente (art. 8º). Para isto, dá-se a denominação de *comoriência*. Na hipótese de duas pessoas da mesma família falecerem num acidente, e não sendo possível precisar quem faleceu primeiro, para que não ocorra confusão, principalmente no caso da sucessão hereditária, são tidas como falecidas ao mesmo tempo, ocorrendo, assim, a comoriência.

---

[9] MONTEIRO, Washington de Barros. *Enciclopédia Saraiva de Direito*. São Paulo: Saraiva, 1978, v. 9, p. 139.

3

Registros Públicos

Considerações

O legislador preceituou que determinados fatos da vida civil devem ser registrados em registro público, conforme disposições que constam do art. 9º do Código Civil.

A Constituição Federal determina que é competência exclusiva da União legislar sobre Registros Públicos (art. 22, XXV). A Lei Federal que rege a matéria referente aos registros públicos é a Lei 6.015/1973, em que estão disciplinadas todas as normas a ela relativas.

O registro público dá publicidade ao ato registrado, tendo a ele acesso qualquer interessado. É ato constitutivo de direito, além de conferir autenticidade.

A legislação civil impõe o registro público (art. 9º) a certos atos, conforme relação contida em seus incisos I, II, III, IV. Assim, são obrigatórios os assentamentos para

> *"I. os nascimentos, casamentos e óbitos;*
> *II. a emancipação por outorga dos pais ou por sentença do juiz;*
> *III. a interdição por incapacidade absoluta ou relativa;*
> *IV. a sentença declaratória de ausência e de morte presumida".*

Esses atos são registrados no Registro Civil das Pessoas Naturais, conforme estatuído no art. 29, incisos I ao VI, da Lei de Registro Públicos – LRP.

Existem situações em que há modificação no que se refere ao registro primitivo, que de alguma forma modifica ou altera o estado do documento lavrado no registro público, que deve ser averbado. A exemplo, o divórcio deve ser averbado no assentamento do registro do casamento.

De Plácido e Silva define *averbação* como o *"ato pelo qual se anota, em assento ou documento anterior, fato que altere, modifique ou amplie o conteúdo do mesmo assento ou documento"*.[10]

O Código Civil, mais uma vez, a exemplo do art. 9º, impõe e relaciona os atos que devem ser levados para averbação. Assim, é imposta pela legislação a obrigatoriedade de serem averbados no registro civil, a sentença que decreta a nulidade ou a anulação do casamento, o divórcio, a separação judicial e o restabelecimento da sociedade conjugal; os atos judiciais ou extrajudiciais que declararem ou reconhecerem a filiação e os atos judiciais ou extrajudiciais de adoção (art. 10, incisos I, II e III). Tais atos também devem ser averbados no Registro Civil das Pessoas Naturais, de acordo com o disposto no art. 29, § 1º, da Lei de Registros Públicos – LRP.

---

[10] SILVA, De Plácido e. *Op. cit.* p. 206.

4

Dos Direitos da Personalidade

Princípios Fundamentais

Este capítulo estabelece os princípios fundamentais dos direitos da personalidade. Não tem correspondência no Código Civil anterior. É da mais alta importância e fruto dos modernos conceitos de respeito à pessoa humana e seus direitos básicos.

Os direitos da personalidade são aqueles inerentes à própria pessoa.

O Professor R. Limongi França ensina que "*direitos da Personalidade dizem-se as faculdades jurídicas cujo objeto são os diversos aspectos da própria pessoa do sujeito, bem assim seus prolongamentos e projeções*".[11]

[11] FRANÇA, Rubens Limongi. Direitos da personalidade – Coordenadas fundamentais. *Revista do Advogado*, São Paulo, n. 38, 1992.
FRANÇA, Rubens Limongi. *Fato Jurídico* – Enciclopédia Saraiva de Direito. São Paulo: Saraiva, 1977.

São direitos da personalidade: a vida, a imagem das pessoas, a liberdade de pensamento, a intimidade, o nome, o corpo, a honra, o segredo. Ainda, o autor de obras intelectuais goza desse direito, conforme previsto na Constituição Federal e em lei especial, a Lei 9.610/1998, que rege os direitos autorais.

Carlos Alberto Bittar distribuiu os direitos da personalidade em: *"a) direitos físicos; b) direitos psíquicos; c) direitos morais; os primeiros referentes a componentes materiais da estrutura humana (a integridade corporal, compreendendo: o corpo, como um todo; os órgãos; os membros; a imagem, ou efígie); os segundos, relativos a elementos intrínsecos da personalidade (integridade psíquica, compreendendo: a liberdade; a intimidade; o sigilo, etc.) e os últimos, respeitantes a atributos valorativos (ou virtudes) da pessoa na sociedade (o patrimônio moral, compreendendo: a identidade; a honra; as manifestações do intelecto. Como se observa, esses direitos referem-se, de um lado, à pessoa em si (como ente individual, com seu patrimônio físico e intelectual) e, de outro, a sua posição frente a outros seres na sociedade (patrimônio moral), representando, respectivamente, o modo de ser da pessoa e suas projeções na coletividade (como ente social)".* [12]

Dadas as características dos direitos da personalidade, salvo casos previstos em lei, por serem personalíssimas, inerentes à própria pessoa, são intransmissíveis e irrenunciáveis. Tal regra está contida no Código Civil, em seu art. 11.

Aquele que se sentir ameaçado ou lesado em seus direitos de personalidade, está protegido pela legislação, podendo exigir a cessação do ato lesivo e pleitear a reparação do dano sofrido, além de outras sanções previstas em lei (art. 12).

Devemos destacar que a Constituição Federal de 1988 edita expressamente em seu art. 5º, X:

> *"são invioláveis a intimidade, a vida privada, a honra e a imagem das pessoas, assegurado o direito a indenização pelo dano material ou moral decorrente de sua violação".*

[12] BITTAR, Carlos Alberto. *Os direitos da personalidade.* Rio de Janeiro: Forense Universitária, 1989. p. 17.

Nossos Tribunais vêm, rotineiramente, decidindo questões acerca de direitos da personalidade, principalmente no que se refere aos danos patrimoniais e morais decorrentes de direitos de imagem, como acontece com modelos, artistas e atores; atos contra a honra e a vida privada, em destaque, atos praticados nos meios de comunicação e também aqueles que se referem aos direitos autorais.

Em se tratando de direitos da personalidade, não é necessário que haja ofensa à reputação da pessoa. A simples divulgação, como exemplo, de imagem de uma pessoa sem seu consentimento, com cunho comercial ou não, gera constrangimento e, nesse caso, o dano moral está presente e deve ser reparado, sem prejuízo dos danos materiais decorrentes.

O Direito ao Próprio Corpo

A questão relativa à *disposição do próprio corpo* veio a ser disciplinada no Código Civil em vigor, nos arts. 13, 14 e 15.

Ensina Carlos Alberto Bittar que *"sendo a pessoa a união entre o elemento espiritual (alma) e o elemento material (corpo), exerce este a função natural de permitir-lhe a vida terrena: daí porque, em sua integridade, deve ser conservado e protegido na órbita jurídica"*. [13]

Assim é que a regra é a de preservação do corpo, sendo defeso o ato de sua disposição quando importar em qualquer limitação permanente da integridade física ou contrária aos bons costumes, com exceção de exigência médica.

No que tange à exigência médica, deve-se assinalar que, apesar de ter a pessoa a prerrogativa de dispor de seu próprio corpo, por exemplo autorizar ou não a realização de uma cirurgia, há situações em que o estado de saúde do paciente é de urgência extrema, sem possibilidade de a pessoa manifestar essa vontade inclusive por inconsciência; nesse caso, pode o médico realizar os procedimentos necessários, tomando as medidas profissionalmente indicadas para preservação da vida humana.

Quanto aos transplantes, esta questão suscitou grande polêmica no que tange à venda de órgãos. Para muitos, apesar de estar en-

[13] BITTAR, Carlos Alberto. *Op. cit.* p. 76.

volvida na problemática pessoa com alguma deficiência e que necessite do transplante de um órgão para sobreviver, o ato da venda em si caracteriza-se como imoral, não sendo permitido, portanto, em decorrência da parte final do art. 13, pois contraria os bons costumes.

Por outro lado, o parágrafo único do art. 13 permite o transplante, determinando, no entanto, que seja observada a forma prevista na lei especial que rege a matéria, Lei 9.434/1997. É o caso do transplante de rins que, com muita freqüência, vem sendo realizado através de doações, na maioria das vezes feitas, por familiares do doente.

Ainda, a legislação civil, no art. 14, dita regra sobre *a disposição do corpo pós morte*, o que pode ser disposto desde que gratuitamente e que tenha objetivo científico ou altruístico. Mas, de acordo com seu parágrafo único, tal disposição pode ser revogada a qualquer tempo.

Existem situações em que há necessidade de a pessoa se submeter a um tratamento médico ou cirúrgico e tal ato implica a ocorrência de risco de vida. A legislação civil dispõe no art. 15 que ninguém, mesmo em face de risco de vida, pode ser constrangido a esses procedimentos, sendo, assim, um ato que depende da vontade do paciente.

O Direito ao Nome

O direito ao *nome* é um dos direitos da personalidade, compreendendo o prenome e sobrenome (art. 16).

O nome, a princípio, é imutável, podendo, em algumas circunstâncias ser alterado, como pelo casamento, no caso de um dos cônjuges adotar o sobrenome do outro; quando uma pessoa está sofrendo ameaça que ponha em risco sua vida (programa de proteção de vítimas e testemunhas); para a inclusão de sobrenome que tenha sido omitido no registro de nascimento, ou mesmo por algum erro no assentamento.

O uso do nome não pode ser utilizado por outrem em publicações nas quais a pessoa seja exposta ao desprezo público, mesmo que na publicação ou representação não haja a intenção de difamar (art. 17).

Tal proteção também é conferida pela lei especial que rege a Propriedade Industrial, Lei 9.279/1996, que proíbe o registro de marca de nome civil sem que haja autorização de seu titular, herdeiros ou sucessores, proibindo também o registro de assinatura, nome de família e imagem de terceiros, de acordo com o art. 124, XV da referida lei.

Ninguém pode utilizar nome alheio, sem autorização para tanto, em propaganda comercial, conforme preceitua o art. 18 do Código Civil. O consentimento nesses casos é fundamental.

Todos os direitos conferidos ao nome estendem-se ao *pseudônimo*, desde que destinado a atividades lícitas (art. 19) . Exemplos claros são os atores, artistas e autores de obras intelectuais que, na maioria das vezes, ficam famosos pelos seus nomes artísticos, sendo estes também protegidos pela legislação, tanto quanto os direitos assegurados ao nome civil.

Aquele que se sentir lesado pelo uso indevido de seu nome por outrem pode requerer a cessação do abuso e reclamar seus prejuízos, conforme já visto acima e o que consta do art. 12 do Código Civil.

Nesse aspecto, pode-se incluir os inúmeros casos de abusos cometidos pelos órgãos de comunicação, com a publicação de matérias lesivas a esse direito de personalidade, sem falar que são comuns as demandas judiciais decorrentes de pessoas que têm seus nomes inscritos indevidamente no SPC – Serviço de Proteção ao Crédito, ou em outras entidades análogas.

O nome da pessoa não pode ser exposto ao desprezo público.

A Proibição de Divulgação de Escritos, Transmissão da Palavra, Utilização da Imagem

Outra questão relativa ao direito da personalidade que está contida na lei civil é o direito de requerer a proibição de divulgação de escritos, a transmissão da palavra e da imagem, quando não consentida, que atinjam a honra do ofendido, sua boa fama, respeitabilidade, ou ainda, que se destinem a fins comerciais, sem prejuízo de ressarcimento do dano através da indenização que couber (art. 20). O mesmo artigo cria uma exceção, além da utilização autorizada, que é a divulgação quando necessária à administração da justiça e à manutenção da ordem pública.

Quando o nome diz respeito a pessoas já falecidas ou ausentes, os direitos aludidos no *caput* do art. 20 são preservados e transferidos ao cônjuge, ascendentes ou descendentes (parágrafo único do art. 20).

Tal é o caso do filho que se depara com a fotografia de seu pai falecido, estampada em material publicitário, sem consentimento. Tem o filho legitimidade assegurada pela lei, para requerer ao judiciário que seja apreendido e retirado de circulação o material, sem prejuízo de pedido de indenização pelos danos causados.

Uma interessante e comentada ação sobre uso indevido de imagem julgada pelo Supremo Tribunal Federal, sendo relator o Ministro Barros Monteiro, tratou da divulgação em revista, de uma propaganda comercial contendo fotos de "Lampião" e "Maria Bonita" tendo o Tribunal decidido: *"A utilização da imagem da pessoa, com fins econômicos, sem a sua autorização ou do sucessor, constitui locupletamento indevido, a ensejar a devida reparação civil".*[14]

Vale acrescer, no que diz respeito à imagem, conforme ensinamento de Milton Fernandes: *"O direito à imagem não se restringe ao retrato. Em relacionamento de espécie e gênero, este é apenas um dos aspectos daquela, que inclui outras categorias. Walter Moraes escreveu que a idéia de imagem não se limita à representação do aspecto visual da pessoa pela arte da pintura, da escultura, do desenho, da fotografia, da figuração caricata ou decorativa, da reprodução em manequins e máscaras. Compreende, além, a imagem sonora da fotografia e da radiodifusão, e os gestos, expressões dinâmicas da personalidade. A cinematografia e a televisão constituem formas de representação integral da figura humana. Prossegue dizendo que não falta quem inclua no rol das modalidades figurativas interessantes para o direito os "retratos falados" e os retratos literários, conquanto não sejam elas expressões sensíveis e sim intelectuais da personalidade. Por outro lado, imagem não é só o aspecto físico total do sujeito, nem particularmente o semblante. Também as partes destacadas do corpo, desde que por elas se possa reconhecer o indivíduo, são imagem na índole jurídica: certas pessoas ficaram famosas por seus olhos, por seus gestos, mesmo pelos seus membros".*[15]

No mesmo diapasão, Maria Helana Diniz, sobre o tema, discorre: *"A imagem abrange, portanto, não só a imagem-retrato e a imagem-atributo, que não se confundem, pois, pode haver gravame à imagem-*

[14] REsp 86109 – 4ª Turma – STF.
[15] FERNANDES, Milton. *Proteção civil da intimidade.* São Paulo: Saraiva, 1997. p. 172.

retrato sem que se atinja a imagem-atributo e vice-versa, como também a reprodução romanceada, em livro, filme cinematográfico, novelas de rádio e televisão, da vida da pessoa de notoriedade".[16]

O Direito à Privacidade

Também a *vida privada* é direito da personalidade, sendo esta inviolável, assegurada pela Constituição Federal no art. 5º, X:

> *"são invioláveis a intimidade, a vida privada, a honra e a imagem das pessoas, assegurado o direito a indenização pelo dano material ou moral decorrente de sua violação",*

trazendo a legislação civil, ainda, os meios para que o interessado, através do judiciário, possa fazer cessar a prática de ato atentatório a esse direito (art. 21).

Sobre o tema, cite-se outra lição de Carlos Alberto Bittar: *"O ponto nodal desse direito encontra-se na exigência de isolamento mental ínsita no psiquismo humano, que leva a pessoa a não desejar que certos aspectos de sua personalidade e de sua vida cheguem ao conhecimento de terceiros. Limita-se, com esse direito, o quanto possível, a inserção de estranho na esfera privada ou íntima da pessoa. São esses elementos: a vida privada; o lar; a família; a correspondência, cuja inviolabilidade se encontra apregoada, no mundo jurídico, desde os textos das Declarações Universais às Constituições e, ainda, em muitos pontos da legislação ordinária. Veda-se qualquer interferência arbitrária na vida privada, na família, no domicílio e na correspondência, bem como – na fórmula adotada pela Declaração Universal – coíbem-se os ataques à sua honra ou reputação, permitindo-nos distinguir, em sua pureza, os componentes do direito à intimidade, o qual se aparta, por sua vez, do direito à honra. Separamos, também, frente à sua especificidade, o âmbito do segredo, integrante da esfera íntima do ser, mas constitutivo de direito autônomo, com características próprias".* [17]

[16] BITTAR, Eduardo C. B.; CHINELATO, Silmara Juny (Coord.). *Estudos de direito de autor, direito da personalidade, direito do consumidor e danos morais.* Rio de Janeiro: Forense Universitária. 2002. p. 80

[17] BITTAR, Carlos Alberto. *Op. cit.* p. 103.

5

Da Ausência

Considerações

Declara-se ausente a pessoa que desaparece de seu domicílio sem deixar qualquer notícia e, ainda, sem que haja nomeado um representante ou mandatário para administrar seus bens. Quando isto ocorre, o juiz, a pedido de qualquer interessado ou do Ministério Público, decretará a ausência desta pessoa e nomeará um curador (art. 22).

Não se deve confundir no presente caso este curador de ausente com o curador processual, o qual é nomeado somente para efeitos processuais, ou seja, para aquele que foi citado por meio de edital ou por hora certa e não compareceu em juízo. Nomeia-se, então, um curador especial, a fim de defender os interesses do processado, pessoa esta ausente no processo.

No caso, não se trata disso. A ausência a que se refere o Código Civil é o desaparecimento da pessoa, o que deve ser declarado em sentença.

A sentença que declarar a ausência deve ser levada a registro, de acordo com o art. 29, VI, da Lei de Registros Públicos, que dispõe que serão registradas no Registro Civil das Pessoas Naturais as sentenças declaratórias de ausência. O art. 94 determina que o cartório competente é o do domicílio anterior do ausente.

Também será declarada a ausência do desaparecido, instaurando-se a curadoria de seus bens, quando o procurador do ausente não quiser ou não puder exercer tal função, ou ainda, se seus poderes forem insuficientes (art. 23).

O juiz que nomear o curador também fixará suas obrigações e poderes, conforme as circunstâncias, observando, no que for aplicável, o disposto a respeito dos tutores e curadores, no Código Civil, Título IV – Da Tutela e da Curatela (art. 24).

O rol das pessoas que poderão ser nomeadas *curadores de ausentes* é o seguinte, conforme preceitua o art. 25: o cônjuge, desde que não esteja separado judicialmente, ou de fato por mais de 2 anos antes da decretação de ausência, será o legítimo curador; na falta do cônjuge, a curadoria será dos pais ou descendentes, nesta ordem; entre os descendentes, os mais próximos precedem os mais remotos; e, ainda, na falta dos acima mencionados, o juiz é quem escolherá curador.

As regras para o processamento dos bens do ausentes estão dispostas no Código de Processo Civil, Capítulo VI – Dos Bens dos Ausentes.

6

Da Sucessão Provisória do Ausente

Considerações

Em caso de morte presumida e tendo em vista a inexistência de certidão de óbito do ausente, para que possam ser transmitidos seus bens aos herdeiros, há necessidade de ser aberta a sucessão provisoriamente, já que o ausente pode retornar.

A abertura da sucessão provisória de um ausente pode ser requerida pelos interessados, a partir de um ano da arrecadação de seus bens ou, no caso de ter ele deixado representante ou procurador, a partir de três anos (art. 26).

Durante um ano, o período de arrecadação dos bens do ausente, o juiz mandará publicar editais de dois em dois meses, para que o ausente se apresente e entre na posse do que lhe pertence.

Decorrido esse espaço de tempo sem que o ausente tenha retornado, ou tendo-se notícia de que o mesmo faleceu, os interessados podem requerer a abertura da sucessão provisória. Para tanto, o procedimento judicial é regido pelos arts. 1.159 a 1.163 do Código de Processo Civil.

São considerados interessados para requerer a sucessão provisória o cônjuge não separado judicialmente; os herdeiros presumidos, legítimos ou testamentários; os que tiverem sobre os bens do ausente direito dependente de sua morte; os credores de obrigações vencidas e não pagas (art. 27).

O art. 28 preceitua que a sentença que determinar a abertura da sucessão provisória somente produzirá efeito cento e oitenta dias após publicada pela imprensa. No entanto, tão logo passe em julgado aquela sentença, é determinada a abertura do testamento, se houver, e inicia-se o inventário e a partilha dos bens como se o ausente tivesse falecido.

Terminado o prazo constante do art. 26 e não comparecendo qualquer interessado na sucessão provisória, o Ministério Público é quem irá requerer sua abertura (art. 28, § 1º).

Não comparecendo interessado ou herdeiro para requerer o inventário dentro de 30 dias após o trânsito em julgado da sentença que determina a abertura da sucessão provisória, a arrecadação dos bens deve ser procedida de acordo com o estatuído nos arts. 1.819 a 1.823 do Código Civil. Tais dispositivos tratam da herança jacente. Entende-se por jacente o estado da herança de quem morreu sem deixar herdeiros conhecidos ou testamento (art. 28, § 2º).

Providências Acautelatórias a Regular a Entrega dos Bens do Ausente

A ausência é um problema sério, pois acarreta conseqüências sobre a propriedade. Daí a cautela que a lei impõe.

Com a finalidade de resguardar a entrega de bens do ausente, no caso de a pessoa retornar, a lei assegura várias providências acautelatórias, quais sejam:

a. antes da partilha, sempre que o juiz julgar conveniente, ordenará a conversão dos bens móveis, sujeitos a deterioração ou extravio, em imóveis ou em títulos garantidos pela União (art. 29);

b. para que os herdeiros possam se imitir na posse dos bens do ausente, devem oferecer garantias da restituição dos mesmos, que ocorrerá através de penhores ou hipotecas na mesma proporcionalidade dos quinhões respectivos (art. 30). O procedimento que rege tal situação é o previsto no art. 1.166 do Código de Processo Civil;

c. aquele que não puder prestar a garantia será excluído, ficando o bem sob a administração do curador, ou de outro herdeiro que tenha condição de prestá-la, o qual será designado pelo juiz (art. 30, § 1º).

No entanto, caso o excluído prove que não tem meios para sobreviver, não podendo assim, dar a garantia do bem do ausente, poderá requerer que lhe seja entregue metade dos rendimentos do quinhão que lhe pertenceria (art. 34).

Já o § 2º do art. 30 dispensa a prestação da garantia aos ascendentes, descendentes e também ao cônjuge, desde que devidamente provada a qualidade de herdeiros, para que possam ingressar na posse dos bens do ausente. Pelo que está disposto nesse parágrafo, conclui-se que os herdeiros colaterais são aqueles que sempre deverão prestar a garantia.

Não sendo por desapropriação, os imóveis do ausente poderão ser alienados ou hipotecados, desde que o juiz assim o ordene, com o intuito de evitar sua ruína (art. 31). Para tanto, há que se levar em conta a regra do art. 692 do Código de Processo Civil, que veda seja o bem alienado em praça ou leilão a preço vil, ou seja, preço muito inferior ao seu valor real.

Representação pelos Sucessores Provisórios e Outras Providências

Os sucessores provisórios, depois de empossados nos bens, passam a representar o ausente ativa e passivamente, correndo desta forma as ações pendentes e as que forem movidas a partir de então (art. 32). Todavia, deve ser observado o art. 1.792 do Código Civil, segundo o qual

> *"o herdeiro não responde por encargos superiores às forças da herança; incumbe-lhe, porém, a prova do excesso, salvo se houver inventário que a escuse, demonstrando o valor dos bens herdados".*

Aos sucessores provisórios do ausente, os herdeiros necessários, ou seja, os ascendentes, descendentes e cônjuge, pertencerá a totalidade dos frutos e dos rendimentos dos bens que lhe couberam. Porém, os outros sucessores capitalizarão somente a metade desses frutos e rendimentos, segundo o disposto no art. 29, que determina a conversão dos móveis em imóveis ou títulos da União, de acordo com o representante do Ministério Público. Devem, ainda, prestar contas ao juiz competente, anualmente (art. 33, *caput*). Deve-se considerar sempre que se trata de uma sucessão provisória, portanto, sujeita a todas as cautelas recomendáveis.

Caso o ausente apareça, o Código Civil estabeleceu previsão legal, contida no parágrafo único do art. 33, gerando conseqüências patrimoniais: ficando provado que sua ausência foi de própria vontade e injustificada, perderá ele em favor do sucessor a sua parte nos frutos e rendimentos dos bens.

Se o ausente aparecer e já tiver sido registrada a sentença de declaração de ausência no Registro Civil de Pessoas Naturais, deve ser averbada o término da ausência em face de seu aparecimento, de acordo com o art. 104 da Lei de Registros Públicos.

A sucessão provisória converte-se em definitiva se, durante a posse provisória, for comprovada a data do falecimento do ausente, devendo essa data ser considerada para a abertura da sucessão em favor dos herdeiros que o eram àquela época (art. 35).

Os herdeiros provisórios são responsáveis pelos bens do ausente de que se imitiram na posse, até quando o ausente aparecer e, ainda, até o momento de sua entrega ao dono, não esquecendo que, com a aparição do ausente, cessam todas as vantagens dos sucessores (art. 36).

Sucessão Definitiva

A sucessão provisória, como já se comentou, converte-se em definitiva se durante a posse provisória for provada a data do falecimento do ausente. Sem embargo disso, a sucessão definitiva poderá ser aberta em duas hipóteses, relacionadas abaixo:

a. dez anos depois de passada em julgado a sentença que concedeu a sucessão provisória, podendo ainda os interessados requerem o levantamento da caução;
b. quando provado que o ausente tem oitenta anos de idade e que durante cinco anos não se tem notícias dele (arts. 37 e 38).

Trata-se de uma presunção de morte, em face de razões óbvias ditadas pela própria idade.

No entanto, se o ausente regressar

> *"nos dez anos seguintes à abertura da sucessão definitiva, ou algum de seus descendentes ou ascendentes"*,

estabelece o art. 39 que, tanto aquele como estes,

> *"haverão só os bens existentes no estado em que se acharem, os sub-rogados em seu lugar, ou o preço que os herdeiros e demais interessados houverem recebido pelos bens alienados depois daquele tempo"*.

Mas, se nesse prazo o ausente não regressar e não houver nenhum interessado em promover a sucessão definitiva, os bens arrecadados passarão ao domínio do Município ou do Distrito Federal, se localizados nas respectivas circunscrições, incorporando-se ao domínio da União, quando situados em território federal.

7

Das Pessoas Jurídicas

Definição

Pessoa jurídica pode ser definida como a reunião de pessoas com o objetivo comum de formarem o que costumeiramente chamamos de uma sociedade e que esse objetivo seja reconhecido no ordenamento jurídico, passando a ter identidade própria diversa de seus membros. Esse é um ponto básico: ao ser constituída, a pessoa jurídica passa a ter vida própria, observadas as disposições legais.

Não basta apenas a união dessas pessoas. Para que assim seja caracterizada, deve haver a condição de sujeito de direito, pois não há uma relação jurídica sem um sujeito. Na pessoa jurídica não ocorre uma relação das próprias pessoas, e sim de titulares de direitos e obrigações que são criadas em função das entidades.

Silvio Rodrigues assim define: *"Pessoas jurídicas, portanto, são entidades a que a lei empresta personalidade, isto é, são seres que atuam na vida jurídica, com personalidade diversa da dos indivíduos que os compõem, capazes de serem sujeitos de direitos e obrigações na ordem civil".* [18]

Para Maria Helena Diniz: *"Assim, pessoa jurídica é a unidade de pessoas naturais ou de patrimônios, que visa a consecução de certos fins, reconhecida pela ordem jurídica como sujeito de direitos e obrigações".* [19]

As pessoas jurídicas podem ser de direito público, interno ou externo e, ainda, de direito privado (art. 40). É uma caracterização geral e ampla, mas de profundo significado na vida prática e nas relações jurídicas.

PESSOAS JURÍDICAS DE DIREITO PÚBLICO

O art. 41 relaciona as pessoas jurídicas de direito público interno, quais sejam:

> *"I. a União;*
> *II. os Estados, o Distrito Federal e os Territórios;*
> *III. os Municípios;*
> *IV. as autarquias;*
> *V. as demais entidades de caráter público criadas por lei".*

Somente essas pessoas são consideradas pessoas jurídicas de direito público interno. Muito se discutiu se os órgãos públicos como as Assembléias Legislativas e Câmaras Municipais têm ou não personalidade jurídica para figurar no pólo passivo de uma demanda judicial. O que se entende é que tais órgãos públicos em si não têm personalidade jurídica, conforme se infere da legislação, pois somente são

[18] RODRIGUES, Silvio. *Direito civil* – Parte geral. São Paulo: Saraiva, 2002. v. 1.
[19] DINIZ, Maria Helena. *Curso de direito civil brasileiro*. 8. ed. São Paulo: Saraiva. 1997. p. 118.

pessoas jurídicas de direito público interno a União, os Estados, os Municípios. Assim, a exemplo, a Câmara Municipal não tem personalidade jurídica. Todavia, também é entendimento doutrinário e jurisprudencial que esses órgãos, apesar de não terem personalidade jurídica, têm capacidade processual por ser reconhecida a personalidade judiciária para atuarem ativamente nos processos, para que possam reivindicar suas prerrogativas e, inclusive, cumprir obrigações eventualmente assumidas.

Sempre que a uma pessoa jurídica de direito público interno se tenha dado uma estrutura de direito privado quanto ao seu funcionamento, ela deve ser regida pelas normas do Código Civil, salvo disposição em contrário, conforme edita o parágrafo único do art. 41.

As *pessoas de direito público externo* são os Estados estrangeiros e todos os entes regidos pelo direito internacional. Exemplos de organizações internacionais são a ONU, a OEA e a UNESCO, entre outros.

Responsabilidade Civil das Pessoas Jurídicas de Direito Público Interno

Sobre a responsabilidade civil das pessoas jurídicas de direito público interno, deve-se considerar primeiramente o seguinte:

A responsabilidade civil decorre de um ato ilícito, trazendo como conseqüência o dever de ressarcir aquele que foi prejudicado.

O Dr. Marcílio Toscano Franca Filho, de maneira clara, bem conceituou o tema, quando se manifestou da seguinte forma: "*Tradicionalmente, entende-se por Responsabilidade Civil a obrigação que tem todo sujeito de direitos de reparar economicamente os danos por ele causados à esfera juridicamente protegida de outrem, independentemente de lei ou acordo de vontades. É princípio fundamental de justiça que, em se lesando qualquer dos direitos de outrem, há de se lhe indenizar, independentemente de prévio ajuste ou ato normativo, evi-*

tando-se, assim, enriquecimento sem causa de uns em detrimento de outros".[20]

O Poder Público (pessoa jurídica de direito interno), exerce suas atividades através de seus agentes que são pessoas físicas. Quando o agente, por ação ou omissão, causa algum dano aos particulares, fica o poder público responsável pelo ressarcimento do dano causado por seu agente. Ocorre, no caso, a denominada responsabilidade objetiva.

Assim, as pessoas jurídicas de direito público interno também são responsáveis civilmente pelos atos de seus agentes que nesta qualidade causarem danos a terceiros, como consta da 1ª parte do art. 43. Todavia, o mesmo texto legal ressalva o direito regressivo contra os causadores do dano, no caso de haver culpa ou dolo por parte destes.

A matéria da responsabilidade civil das pessoas jurídicas de direito público está também tratada na Constituição Federal, no § 6º do art. 37, que estabelece:

> *"As pessoas jurídicas de direito público e as de direito privado prestadoras de serviços públicos responderão pelos danos que seus agentes, nessa qualidade, causarem a terceiros, assegurado o direito de regresso contra o responsável nos casos de dolo ou culpa".*

A propósito do tema, o Tribunal de Justiça do Estado do Paraná, em 20 de setembro de 2000, reconheceu a responsabilidade da administração, por conduta praticada por seu agente, na forma seguinte:

> EMENTA: RESPONSABILIDADE CIVIL DO ESTADO – INDENIZAÇÃO. Médico procurado à consulta no posto de assistência médica municipal que, todavia, deixou de examinar a paciente menor, alegando que ela não trouxera os óculos, não diagnosticando grave doença (uveíte), que resultou em perda de visão no olho esquerdo e graves seqüelas. Caracterização do nexo de causalidade entre o ato da Administração e o prejuí-

[20] FRANCA FILHO, Marcílio Toscano. *Estudos de Responsabilidade Civil III*. Mário César Bucci (Org.). São Paulo: Ícone, 2003. v. 3, p. 1007.

zo sofrido, independentemente da culpa do servidor. Verba devida.[21]

Verifica-se, portanto, que essa responsabilidade é objetiva, respondendo as pessoas jurídicas de direito público pelos atos praticados por seus agentes.

Mas, como se disse, a lei assegura ao poder público o direito de regresso contra seus agentes para cobrar-lhes os prejuízos causados. Para que isso ocorra, necessário é que fique devidamente comprovado que o funcionário, ao cometer o ato, agiu com dolo ou culpa.

Dolo em direito civil é o termo citado para indicar toda espécie de artifício empregado por uma pessoa para enganar, ludibriar, induzir outrem a prática de ato lesivo à sua pessoa ou em proveito de quem pratica. Há nessa figura a intenção de causar um dano. Na culpa não existe essa intenção. Ela ocorre pela imprudência, negligência ou imperícia na realização de um ato. A culpa de acordo com De Plácido e Silva *"revela, pois, a violação de um dever pré-existente, não praticado por má-fé ou com a intenção de causar prejuízos aos direitos ou ao patrimônio de outrem, o que seria dolo. Na culpa, não há a positiva intenção de causar o dano; há simplesmente a falta ou inobservância do dever que é imposto ao agente"*.[22]

As pessoas de direito público respondem pelos atos que praticam, podendo-se, inclusive, responsabilizar seus agentes.

Pessoas Jurídicas de Direito Privado

As pessoas jurídicas de direito privado, que agora passamos a analisar, são, nos termos do art. 44:

[21] FRANCA FILHO, Marcílio Toscano. *Op. cit.* p. 1.349.
[22] SILVA, De Plácido e. *Op. cit.* p. 460.

"I. as associações;
II. as sociedades;
III. as fundações".

Além das disposições contidas neste capítulo, as associações estão disciplinadas no Código Civil, arts. 53 a 61; as sociedades nos arts. 981 a 1.141 e as Fundações nos arts. 62 a 69, respectivamente.

As disposições concernentes às associações aplicam-se, subsidiariamente, às sociedades que são objeto do Livro II da Parte Especial do Código Civil – Do Direito das Empresas (parágrafo único do art. 44).

Quando pessoas celebram um contrato obrigando-se reciprocamente a contribuir com bens e serviços para o exercício de atividade econômica e partilhando seus resultados, está-se diante de uma sociedade, conforme se verifica no art. 981 do Código Civil.

As sociedades dividem-se em "não personificadas" e "personificadas". As não personificadas são aquelas que não têm personalidade jurídica, ou seja, as que são constituídas *de fato*, mas que os atos constitutivos não foram levados a registro. Já as personificadas, ao contrário, têm seus atos constitutivos devidamente registrados.

EXISTÊNCIA LEGAL

A existência legal das pessoas jurídicas começa com o registro de seus atos constitutivos e, quando necessário, deve ser precedida de autorização ou aprovação do Poder Executivo, devendo, também, se procederem as averbações de todas as alterações ocorridas (art. 45).

Assim, a existência legal das pessoas jurídicas de direito privado só tem início com a inscrição de seus contratos, estatutos ou atos constitutivos, no competente registro regulado por lei especial. Essa lei, no caso, é a Lei de Registros Públicos, Lei 6.015, de 31 de dezembro de 1973. Tal regra não é meramente declarativa, mas constitutiva de direito.

O registro, como se viu em capítulo próprio, além de dar publicidade ao ato, confere-lhe autenticidade, segurança e eficácia. Essa publicidade e eficácia, fazendo valer o ato entre as partes, o faz também contra terceiros.

O prazo para anular a constituição da pessoa jurídica por defeito do ato decai em três meses, que devem ser contados a partir da publicação da inscrição no registro (parágrafo único do art. 45).

Pode-se verificar que o ditame legal menciona "decai" e, assim sendo, o prazo é decadencial. Decadência é um instituto que atinge diretamente a perda do direito. O tema, inclusive a diferença entre prescrição e decadência, definição e abrangência, é tratado no capítulo "Da Prescrição e Decadência".

Conforme estabelece o art. 46 do Código Civil, com a inscrição dos atos constitutivos, o registro declarará:

> *"I. a denominação, os fins, a sede, o tempo de duração e o fundo social, quando houver;*
> *II. o nome e a individualização dos fundadores ou instituidores, e dos diretores;*
> *III. o modo por que se administra e representa, ativa e passivamente, judicial e extrajudicialmente;*
> *IV. se o ato constitutivo é reformável no tocante à administração, e de que modo;*
> *V. se os membros respondem, ou não, subsidiariamente, pelas obrigações sociais;*
> *VI. as condições de extinção da pessoa jurídica e o destino no seu patrimônio, nesse caso".*

No ato constitutivo de formação de uma pessoa jurídica, deve constar o modo de administração e sua representação. Os atos praticados por seus administradores, no limite de seus poderes, obrigam a pessoa jurídica (art. 47).

Sendo a pessoa jurídica gerida por administração coletiva e não constando de seu ato constitutivo disposição diversa, as decisões serão tomadas por maioria de votos dos presentes, decaindo em três anos o direito de serem anuladas decisões que contrariem a lei ou o estatuto, ou estejam eivadas de erro, dolo, simulação ou fraude (art. 48 e seu parágrafo único).

Vindo a faltar a administração da pessoa jurídica, a requerimento de qualquer interessado, o juiz nomeará um administrador provisório (art. 49).

DESCONSIDERAÇÃO DA PERSONALIDADE JURÍDICA

O Código de 2002 trouxe uma novidade: a desconsideração da personalidade jurídica, que já vinha sendo aplicada pelos nossos tribunais.

Antes disso, o Código de Defesa do Consumidor, pela primeira vez em nossa legislação, trouxe regras sobre a desconsideração da personalidade jurídica, em seu art. 28, estabelecendo que sempre que ocorrer a fraude, abuso de direito, excesso de poder, infração da lei, fato ou ato ilícito, violação dos estatutos ou contrato social e, ainda, quando houver falência, estado de insolvência, encerramento ou inatividade da pessoa jurídica provocados pela má administração, em detrimento do consumidor, o juiz poderá desconsiderar a personalidade jurídica de uma sociedade. Desconsiderada a personalidade jurídica, passa a pessoa física a responder pelos atos praticados que venham a lesar direitos.

Sobre a desconsideração da personalidade jurídica Rubens Requião já ensinava o seguinte: *"ora, diante do abuso de direito e da fraude no uso da personalidade jurídica, o juiz brasileiro tem o direito de indagar, em seu livre convencimento, se há de consagrar a fraude ou o abuso de direito, ou se deva desprezar a personalidade jurídica, para, penetrando em seu âmago, alcançar pessoas e bens que dentro dela se escondem para fins ilícitos e abusivos"*.[23]

[23] REQUIÃO, Rubens. Abuso de direito e fraude através da personalidade jurídica. *Revista dos Tribunais*. São Paulo, n. 410, p. 12-24, dez. 1969.

Agora, o Código Civil, no art. 50, acolheu tal instituto ao dispor que, em caso de abuso da personalidade jurídica com desvio de suas finalidades, o juiz pode decidir – a requerimento da parte ou de representante do Ministério Público sempre que a este caiba intervir – que sejam estendidos os efeitos das obrigações aos bens particulares dos sócios ou dos administradores. Nisso reside, basicamente, a desconsideração da personalidade jurídica.

Para que ocorra a desconsideração da personalidade jurídica, deve-se levar sempre em conta que tenha havido abuso, com desvio de sua finalidade, através de atos irregulares praticados por seus sócios ou administradores, pelos quais respondem esses com seus bens particulares. Deve-se acrescentar que respondem com seus bens particulares somente aqueles sócios ou administradores que tenham contribuído para a prática do ato, ou dele sejam autores.

Extinção da Pessoa Jurídica

Extingue-se a pessoa jurídica através de sua dissolução por vontade das partes ou por cassação da autorização para seu funcionamento. Ela subsistirá até a liquidação e se concluirá através da averbação de sua dissolução no registro em que estiver inscrita. Após encerrada a liquidação, promove-se o cancelamento de sua inscrição.

As regras para a dissolução e liquidação das sociedades são também aplicadas para as demais pessoas jurídicas de direito privado (art. 51 e parágrafos).

Direitos da Personalidade das Pessoas Jurídicas

As pessoas jurídicas também estão protegidas pelos direitos da personalidade conforme previsão do art. 52. Os direitos da personalidade, já foram tratados nas considerações constantes dos arts. 11 ao 21. Vale acrescentar que as pessoas jurídicas podem sofrer danos morais.

Muito se discutiu a respeito do tema, pois alguns doutrinadores e julgadores entendiam que tais danos não poderiam ser sofridos por pessoas jurídicas, por serem próprios dos seres humanos. Depois de muitas discussões, restou o entendimento da maioria de que as pessoas jurídicas podem, sim, sofrer danos morais. Isto porque a pessoa jurídica tem uma reputação e imagem diante da comunidade e, sempre que esta for abalada de alguma forma, sofre dano de ordem moral.

O Dr. Antonio Jeová Santos, em sua obra "Dano Moral Indenizável", menciona brilhante acórdão da lavra do Ministro Ruy Rosado que bem demonstra a questão: *"Quando se trata de pessoa jurídica, o tema da ofensa à honra propõe uma distinção inicial: a honra subjetiva, inerente à pessoa física, que está no psiquismo de cada um e pode ser ofendida com atos que atinjam a sua dignidade, respeito próprio, autoestima, etc., causadores de dor, humilhação, vexame; a honra objetiva, externa ao sujeito, que consiste no respeito, admiração, apreço, consideração que os outros dispensam à pessoa. Por isso se diz ser a injúria um ataque à honra subjetiva, à dignidade da pessoa, enquanto que a difamação é ofensa à reputação que o ofendido goza no âmbito social onde vive. A pessoa jurídica, criação da ordem legal, não tem capacidade de sentir emoção e dor, estando por isso desprovida da honra subjetiva e imune à injúria. Pode padecer, porém, de ataque à honra objetiva, pois goza de uma reputação junto a terceiros, passível de ficar abalada por atos que afetam o seu bom nome no mundo civil ou comercial onde atua".* (RT 727/126)[24]

A exemplo, são comuns as condenações por danos morais sofridas por pessoas jurídicas que têm seus títulos protestados indevidamente.

Concluindo, a pessoa jurídica possui reputação e imagem diante da comunidade e, sempre que esta for abalada de alguma forma, sofre dano de ordem moral. É compreensível, pois, a reparação que se impõe como ato de justiça.

---

[24] SANTOS, Antonio Jeová. *Dano moral indenizável*. São Paulo: Lejus. 1997. p. 50.

8

Das Associações

Considerações Gerais

As associações são entidades de direito privado, constituídas por pessoas que se reúnem e se organizam para um fim comum, sem finalidade econômica. O que se visa não é a repartição de lucros, pois seu fim tem consonância com atividades que dizem respeito a interesses comuns beneficentes, culturais, esportivos, políticos, religiosos e recreativos, entre outros.

A Constituição Federal, art. 5º, nos incisos XVII, XVIII, XX e XXI, relativos às associações, dispõe que: é plena a liberdade de associação, desde que para fins lícitos; não poderá haver interferência estatal no funcionamento das associações; ninguém pode ser compelido a associar-se ou permanecer associado e as entidades, quando expressamente autorizadas, têm legitimidade para representar seus filiados tanto judicial como extrajudicialmente.

São exemplos clássicos as associações que congregam profissionais como advogados, médicos, engenheiros etc. Existem também as associações de autores e titulares de direitos autorais, criadas para defender os interesses de seus associados, tendo em vista a impossibilidade de os mesmos fazerem valer seus direitos individualmente, principalmente no que diz respeito ao direito de execução pública musical, diante da extensão territorial de nosso país e, ainda, do grande número de obras musicais que são executadas em vários estabelecimentos diuturnamente. A própria Lei que rege os Direitos Autorais, Lei 9.610/1998, contém dispositivos específicos no Capítulo III, Título VI – Das Associações de Titulares de Direitos de Autor e dos que lhes São Conexos (arts. 97 a 100).

O Código Civil de 2002 trouxe em seu bojo as regras para constituição e dissolução das associações (arts. 53 a 61).

A definição de associação está contida no art. 53:

> *"união de pessoas que se organizem para fins não econômicos".*

Não resultam dessa união obrigações e direitos entre os associados (parágrafo único do art. 53). Estes possuem apenas direitos e obrigações com a entidade a que estiverem filiados, e não entre eles. São exemplos: a obrigação de respeitar o estatuto da entidade e manter uma determinada conduta; o direito de votar e/ou ser votado ou, ainda, o de participar de assembléias, tudo, logicamente, conforme as disposições estatutárias de cada associação.

Para ser constituída e inscrita, além da denominação, finalidade e local de sua sede, a associação deve fazer constar em seu estatuto, sob pena de nulidade, outros requisitos: necessidade de apresentar as formas para admissão e exclusão de associado; quais os seus direitos e deveres; como e de que forma serão obtidos os recursos para sua manutenção; qual a maneira de constituição e funcionamento de seus órgãos deliberativos e administrativos, e as condições para modificação de seu estatuto, bem como para dissolução da entidade (art. 54 e seus incisos).

Para a dissolução de uma associação, deve-se considerar a norma do art. 5º, inciso XIX da Constituição Federal, que estatuiu que

> *"as associações só poderão ser compulsoriamente dissolvidas ou ter suas atividades suspensas por decisão judicial, exigindo-se, no primeiro caso, o trânsito em julgado".*

Essa regra refere-se aos casos de dissolução compulsória.

O Código Civil, apesar de ditar que os associados devem ter iguais direitos, não impede que o estatuto possa instituir várias categorias com vantagens especiais. É o que consta do art. 55.

Além dessa norma, existe outra disposição no capítulo "Das Associações" que tem a mesma conotação, pois deixa consignado que pode existir condição optativa, desde que conste expressamente no seu estatuto. Esta é a regra do art. 56 que estatui que a qualidade de associado é intransmissível, para logo após considerar que pode conter o estatuto disposição em contrário (art. 56).

Além disso, se o associado for titular de quotas ou fração ideal ou patrimônio, estes podem ser transferidos, inclusive por sucessão, sem que isso implique a transferência da qualidade de associado (parágrafo único do art. 56). A qualidade de associado, portanto, com todas as suas implicações, não é transmissível.

Da Exclusão do Associado

O associado pode ser excluído de sua associação. Todavia, a legislação prevê que este só pode ser excluído quando houver uma justa causa, devendo, contudo, ser obedecida a regra prevista no estatuto da entidade. No caso de o estatuto não conter tal regra, poderá haver a exclusão do associado, desde que fiquem demonstrados motivos graves, o que será feito em deliberação bem fundamentada, aprovada por maioria absoluta dos presentes na assembléia geral especialmente convocada para tanto (art. 57). Ainda, o parágrafo único do art. 57 prevê que, nos casos de exclusão do associado com base em previsão estatutária, dessa decisão cabe recurso à assembléia geral.

Por outro lado, o art. 58 dispõe que nenhum associado poderá ser impedido de exercer direito ou função que lhe tenha sido legitimamente conferido, a não ser nos casos e pela forma previstos na lei ou no estatuto.

A legislação ainda cuidou de ditar as regras referentes à competência e procedimentos, no que diz respeito à assembléia geral, e também sobre a dissolução da associação.

Assim é que a assembléia geral tem competência privativa para eleger e destituir seus administradores, aprovar contas e alterar o estatuto (art. 59).

Mas, para destituir, bem como para alterar seu estatuto, há necessidade de ser convocada uma assembléia geral especial e a concordância de dois terços das pessoas presentes, devendo ser observado que ela não pode deliberar em primeira convocação sem que haja maioria absoluta de seus associados, ou menos de um terço nas outras convocações (parágrafo único art. 59).

Entende-se por maioria absoluta aquela que corresponde a mais da metade, ou seja, metade dos associados mais um. Tendo em vista que o artigo menciona "maioria absoluta de seus associados", somente poderá haver votação quando se contar com mais da metade dos associados, e não dos presentes. O mesmo ocorre quanto às convocações seguintes, pois deve ser observada a regra de um terço também do número de associados, e não dos presentes na assembléia.

A convocação da assembléia deverá ser efetuada conforme determinação contida em seu estatuto, garantido o direito de ser promovida por um quinto de seus associados (art. 60).

Quando uma associação é dissolvida, o patrimônio líquido restante deve ser destinado a uma entidade que não possua fins econômicos e designada no estatuto. Na falta de indicação, o patrimônio deve ser destinado para instituições governamentais de fins congêneres, por deliberação dos associados (art. 61).

Podem, contudo, os associados deliberar que, antes de dar destino ao patrimônio, primeiramente lhes sejam restituídas suas contribuições que concorreram para formar o acervo da associação (§ 1º do art. 61).

Caso a associação esteja sediada em local em que não existe uma instituição com as condições indicadas no art. 61, seu patrimônio será entregue à Fazenda do Estado, do Distrito Federal ou da União, conforme regra do § 2º do referido artigo.

9

Das Fundações

Conceito

Uma fundação se constitui de pessoa jurídica com características próprias e com fins determinados, que devem ter "fins religiosos, morais, culturais ou de assistência". A fundação deve ter o patrimônio que permita realizar seus fins, o que a difere da associação, cujo elemento é a pessoa natural.

Yedo Batista Neves definiu fundação como *"instituição autônoma, criada por liberalidade privada ou pelo Estado, com personalidade jurídica e patrimônio próprio justificado, de fim altruístico beneficente ou de interesse ou utilidade pública ou particular, administrada segundo as determinações de seus fundamentos"*[25].

[25] NEVES, Yedo Batista. *Código Civil nos tribunais:* Vocabulário prático de tecnologia jurídica e de brocados latinos. Rio de Janeiro: Editora Fase, 1988. p. 471.

As fundações podem ser públicas ou privadas. As públicas são as criadas pelo Estado e as de direito privado, instituídas por pessoa natural ou pessoa jurídica.

Constituição de uma Fundação

Para se constituir uma fundação é necessário que ela tenha fins religiosos, morais, culturais ou de assistência. Sua constituição se dará por ato do instituidor através de escritura pública ou por testamento e deverá ser dotada de bens livres, devendo ainda estar consignado a que fim se destina, podendo constar a maneira pela qual deve ser administrada (art. 62 e parágrafo único).

Existem casos em que os bens destinados para sua constituição não são suficientes, determinando a lei, nesses casos, que os mesmos sejam destinados para outra Fundação que possua idêntico ou semelhante intuito, desde que não haja outra determinação disposta pelo instituidor (art. 63).

Com o ato de constituição da Fundação pelo instituidor, este fica obrigado a lhe transferir a propriedade dos bens, sob pena de, não o fazendo, serem registrados através de mandado judicial. Aquele que receber o encargo irá elaborar seu estatuto, submetendo-o à aprovação da autoridade competente, no prazo assinalado pelo instituidor. Se o prazo não for respeitado ou se este não tiver sido previsto pelo instituidor, a tarefa caberá ao Ministério Público que terá cento e oitenta dias para realizá-lo (arts. 64, 65 e parágrafo único).

O Ministério Público é o órgão incumbido pela lei de zelar e fiscalizar a Fundação, o que compete ao *Ministério Público do Estado* onde estiver situada sua sede e ao *Ministério Público Federal,* quando esta funcionar no Distrito Federal ou Território. No caso de uma fundação funcionar em vários estados, a incumbência é do Ministério Público do Estado de cada um deles (arts. 66 e parágrafos).

Essa atribuição não é conferida apenas pela lei civil. Decorre também do que está disciplinado no Código de Processo Civil, arts. 1.200 a 1.204, onde se determina que incumbe ao Ministério Público verificar se foram observadas as bases da fundação e se seus bens são suficientes; analisar o estatuto, inclusive indicando as modificações que entender necessárias; elaborar o estatuto quando este não tiver sido elaborado pelo instituidor e não houver indicação de quem o faça ou quando a pessoa encarregada de fazê-lo não se desincumbir do encargo ou, ainda, não cumpri-lo no prazo estipulado; aprovar suas alterações e promover sua extinção quando seu objeto se tornar ilícito, for impossível sua manutenção ou quando vencido o prazo para sua existência.

Requisitos para Alteração do Estatuto

Para ser alterado o estatuto de uma fundação, é necessário que seja deliberado por dois terços das pessoas que tenham competência para geri-la ou representá-la e desde que não contrarie ou desvie sua finalidade, tendo de qualquer forma que ser aprovado pelo Ministério Público. Caso não tenha aprovação desse órgão, pode o juiz supri-la a requerimento de interessado (art. 67 e incisos I, II, II).

Quando a aprovação não se der por unanimidade, ao encaminhar a alteração ao Ministério Público para aprovação os dirigentes da fundação requererão que seja dado conhecimento aos minoritários para que, querendo, possam impugnar o ato no prazo de dez dias (art. 68).

Requisitos para a Extinção de uma Fundação

Por fim, como já vimos anteriormente (Título II – Das Pessoas Jurídicas), começa a existência da pessoa jurídica de direito privado com o registro de seus atos constitutivos. O mesmo ocorre também com a Fundação.

Já a extinção de uma Fundação está regulada pelo art. 69 e se dará:

a. quando terminar o prazo para sua existência, valendo acrescentar que nada impede que uma fundação seja temporária, isto é, tenha prazo certo para seu término. Para que isso ocorra, é necessário que tal previsão seja estipulada pelo instituidor.
b. quando o Ministério Público ou alguma pessoa interessada verificar que a fundação tornou-se ilícita, ou que ficou impossível sua manutenção ou, ainda, que houve desvio de sua finalidade.

O patrimônio remanescente, quando não houver estipulação concreta sobre a destinação do mesmo no ato de sua constituição ou no estatuto, será encaminhado a outra fundação congênere, indicada pelo juiz.

10

Disposições Transitórias – Sociedades, Associações e Fundações

Generalidades

As sociedades, associações e fundações constituídas anteriormente ao advento do Código Civil de 2002 devem se adaptar às regras impostas pela nova legislação. Para tanto, o legislador, nas disposições finais e transitórias, ditou as normas que devem ser obedecidas por essas entidades (art. 2.031 a 2.034).

Assim é que o Código previu no art. 2.031 que terão o prazo de um ano para se adaptarem às novas disposições, mas que de acordo com a Lei 10.838, de 30 de janeiro de 2004, o artigo passou a vigorar com a seguinte redação: "As associações, sociedades e fundações, constituídas na forma das leis anteriores, terão o prazo de 2 (dois) anos para se adaptar às disposições deste Código, a partir de sua vigência; igual prazo é concedido aos empresários", ficando desta forma o prazo para as devidas adaptações em 2 anos; as fundações subordinam-se, quanto ao seu funcionamento, ao disposto na nova legislação; as modificações dos atos constitutivos, transformação, incorporação, cisão ou fusão das pessoas referidas no art. 44 (pessoas jurídicas de direito privado) regem-se desde logo pelas normas do novo Código. Quanto à liquidação e dissolução das pessoas jurídicas que se iniciaram anteriormente à entrada em vigor do novo Código, deverão ser observadas as disposições das leis anteriores.

11

Do Domicílio

Conceito

O domicílio é lugar onde a pessoa estabelece sua residência, com *animus* definitivo. A regra está contida no art. 70 do Código Civil. A Constituição Federal assegura ao homem a garantia fundamental do direito de inviolabilidade do domicílio, conforme consta do art. 5º – XI:

> *"A casa é asilo inviolável do indivíduo, ninguém nela podendo penetrar sem consentimento do morador, salvo em caso de flagrante delito ou desastre, ou para prestar socorro, ou, durante o dia, por determinação judicial".*

Domicílio é o lugar onde a pessoa exerce toda sua atividade jurídica. O conceito de residência está contido no de domicílio, mas este não diz respeito somente a um lugar de habitação.

O Professor Silvio Rodrigues nos ensina que *"O conceito de domicílio se distingue do de residência. Este representa uma relação de fato entre uma pessoa e um lugar, envolvendo a idéia de habitação, enquanto o de domicílio compreende o de residência, acrescido do ânimo de aí fazer o centro de sua atividade jurídica"*.[26]

A essa lição, acrescente-se a de Washington de Barros Monteiro, no sentido de que: *"Podemos, pois, da seguinte forma estabelecer a diferenciação entre domicílio e residência: o primeiro é conceito jurídico, criado pela própria lei e através do qual, para efeitos jurídicos, se presume estar presente a pessoa em determinado lugar. Residência, por sua vez, é relação de fato, é o lugar em que a pessoa habita ou tem o centro de suas ocupações"*.[27]

Tais conceitos devem ser levados em consideração para análise dos artigos contidos nesse título.

Há casos em que as pessoas possuem mais de uma residência e nossa lei civil considera domicílio qualquer uma delas (art. 71).

Muitas vezes algumas pessoas exercem suas atividades em vários locais, tendo, inclusive, mais de uma residência. É comum verificarmos que certas pessoas, a exemplo, fazendeiros, possuem vários estabelecimentos em diversos locais, administrando e residindo ora em um ora em outro. Em casos tais, a nossa lei considera como seu domicílio qualquer um deles.

Clóvis Beviláqua, ao comentar o art. 32 do Código Civil de 1916 que continha a mesma diretriz do art. 71 vigente, o fez da seguinte forma: *"O Código Civil Brasileiro pronunciou-se pela pluralidade de domicílio no que nada mais fez do que acompanhar o direito romano, segundo a lição de Paulo, e a tradição do nosso direito. Se, realmente, a pessoa tem mais de uma residência, onde, habitualmente, permanece, ou alternadamente vive, se, em vários centros, tem ocupações constantes, habituais, seria contrariar a realidade das coisas, por amor a uma abstração infundada, persistir em considerar que somente uma dessas residências ou centros de atividades é o seu domicílio e, arbitrariamente, escolher um deles para esse fim"*.[28]

---

[26] RODRIGUES, Silvio. *Op. cit.* p. 130.

[27] MONTEIRO, Washington de Barros. *Curso de direito civil* – Parte geral. São Paulo: Saraiva, 1977. p.105.

[28] BEVILÁQUA, Clóvis. *Código Civil comentado* – Teoria geral do direito civil. Rio de Janeiro: Francisco Alves, 1955. v. l, p. 249.

Assim sendo, no caso de uma pessoa que possua vários domicílios, poderá vir a ser acionada em qualquer deles.

Considera-se também domicílio da pessoa o lugar onde exerce sua profissão (art. 72). E quando existir mais de um, constituirá cada um deles domicílio para as relações que lhe corresponderem. (parágrafo único do art. 72).

Costumeiramente verificamos que pessoas residem em um local, mas exercem sua profissão em outro. Muitos advogados de São Paulo, exemplificando, residem em cidades próximas da Capital por serem mais pacatas e aprazíveis, podendo, assim, usufruir melhor a vida com seus familiares. Todavia, exercem sua profissão no grande centro, principalmente pelo fato de não encontrarem nas pequenas cidades, oportunidades de trabalho.

Existem casos, contudo, de pessoas que não fixam residência em lugar definitivo, habitual. Um exemplo são atores que se reúnem e formam uma companhia teatral, chamada de "Mambembe", muito comum no Nordeste do país, mudando-se rotineira e constantemente de local, para fazer apresentações em diversos municípios e, conseqüentemente, tendo uma espécie de habitação móvel. Para tais casos, segue-se a regra contida no art. 73, segundo o qual considera-se o domicílio de uma pessoa que não tenha residência habitual, o local onde esta for encontrada.

Foro de Competência. Regras

A legislação processual dita as regras no que se refere aos locais de domicílio para determinar o foro de competência, a exemplo do domicílio do autor da herança para ingresso e tramitação do arrolamento ou inventário de seus bens.

Quando alguma pessoa transfere sua residência, com manifesta intenção, muda-se seu domicílio (art. 74). A prova de intenção está contida no parágrafo único do art. 74 que assim preceitua:

> *"A prova da intenção resultará do que declarar a pessoa às municipalidades dos lugares, que deixa, e para onde vai, ou,*

> *se tais declarações não fizer, da própria mudança, com as circunstâncias que a acompanharem".*

As regras para determinar o domicílio das pessoas jurídicas estão contidas na legislação civil, expressamente em seu art. 75. Assim, é domicílio da União, o Distrito Federal; dos Estados e Território, suas respectivas capitais; dos Municípios, o lugar onde está a administração (incisos I, II e III).

Para as pessoas jurídicas de direito privado, deve ser considerado seu domicílio, onde funcionarem suas diretorias e administrações, podendo, ainda, ser eleito o domicílio especial, mas tal eleição deve estar contida em seus atos constitutivos ou estatutos (inciso IV).

Quando a pessoa jurídica estiver estabelecida em diversos lugares, cada qual será considerado domicílio para os atos nele praticados, consoante o estatuído no § 1º do art. 75.

Às pessoas jurídicas que tenham sede no estrangeiro, o § 2º do art. 75, determina:

> *"Se a administração, ou diretoria, tiver a sede no estrangeiro, haver-se-á por domicílio da pessoa jurídica, no tocante às obrigações contraídas por cada uma das suas agências, o lugar do estabelecimento, sito no Brasil, a que ela corresponder".*

Essa regra visa proteger as pessoas que negociam com empresas cujas sedes situam-se no estrangeiro, permitindo que possam promover ações para perseguirem seus direitos, nos casos, por exemplo, em que há descumprimento de alguma obrigação. Se assim não fosse, ficariam praticamente desprotegidas, diante da dificuldade de acionar uma empresa no exterior.

Domicílio Necessário

Existem, ainda, os casos em que o domicílio é imposto pela legislação, sendo chamado de *domicílio necessário*. Este é fixado independentemente da vontade da pessoa, ficando a mesma obrigada a estabelecer seu domicílio em conformidade com a lei.

Nossa legislação prescreve que tem domicílio necessário o incapaz, o servidor público, o militar, o marítimo e o preso (art. 76).

O incapaz tem seu domicílio no de seus representantes legais; o servidor público no local onde exerce permanentemente suas funções; o militar, onde servir desde que na ativa; e na sede dos respectivos comandos, os da aeronáutica e marinha; o marítimo, onde está matriculado o navio e o preso, onde cumpre pena (parágrafo único do art. 76).

Assim, pouco importa se o incapaz reside em outro local, pois a lei determina que seu domicílio é o de seu represente legal. O mesmo princípio, do domicílio necessário, rege os servidores, militares de qualquer arma, marítimos e presos.

Ainda, com respeito ao domicílio, segundo o Código Civil, o art. 77,

> *"o agente diplomático do Brasil, que, citado no estrangeiro, alegar extraterritorialidade sem designar onde tem, no país, o seu domicílio, poderá ser demandado no Distrito Federal ou no último ponto do território brasileiro onde o teve".*

Foro de Eleição

A última regra do Código Civil sob o Título – Do Domicílio – é a que deixa a possibilidade para as pessoas jurídicas, nos contratos escritos, determinarem o domicílio onde se exercitem e cumpram suas obrigações (art. 78). É o chamado foro de eleição.

O foro de eleição é o foro escolhido pelas partes e inserido no contrato, referente ao domicílio onde querem que sejam dirimidas as questões oriundas das obrigações assumidas por elas.

O Superior Tribunal de Justiça editou a Súmula 335 no sentido de que: *"É válida a cláusula de eleição do foro para os processos oriundos do contrato".*

No entanto, devem ser observadas as disposições legais para tal eleição, como, por exemplo, a competência em razão da matéria que é absoluta em nosso direito. Não pode prevalecer o foro de eleição constante de um contrato em que haja sido eleito um foro que é incompetente para examinar a questão. Para eleição de foro por convenção das partes, deve ser observada a norma do art. 111 do Código de Processo Civil, que edita o seguinte:

> *"A competência em razão da matéria e da hierarquia é inderrogável por convenção das partes; mas estas podem modificar a competência em razão do valor e do território, elegendo foro onde serão propostas as ações oriundas de direitos e obrigações.*
>
> *§ 1º – O acordo, porém, só produz efeito, quando constar de contrato escrito e aludir expressamente a determinado negócio jurídico.*
>
> *§ 2º – O foro contratual obriga os herdeiros e sucessores das partes."*

Por outro lado, no espírito da nova legislação que privilegia a função social do contrato (art. 421), nos contratos por adesão, aliás como já era reconhecido desde a vigência do Código de Defesa do Consumidor (Lei 8.078 de 11 de setembro de 1990), a cláusula de eleição do foro pode ser considerada abusiva desde que o aderente não tenha condições de reclamar no foro privilegiado escolhido. Isto porque, tratando-se de cláusula que estipula renúncia do aderente, viola o conceito de função social do contrato, exigida pelo Código Civil.

Parte II

DOS BENS

12

Dos Bens Considerados em Si Mesmos

Conceito

O eminente jurista Washington de Barros Monteiro ensina que a palavra "bem" pode ter vários sentidos: filosófico e jurídico. O bem, no sentido filosófico, é aquilo que proporciona ao homem qualquer satisfação, como o exemplo citado na obra, a amizade.

Mas, *"juridicamente falando, bens são valores materiais ou imateriais, que podem ser objeto de uma relação de direito. O vocábulo, que é amplo no seu significado, abrange coisas corpóreas e incorpóreas, coisas materiais ou imponderáveis, fatos e abstenções humanas"*.[29]

Ainda, aproveitando seus ensinamentos, na mesma obra o mestre leciona que não se pode *"confundir a palavra coisa, tomada no*

---

[29] MONTEIRO, Washington de Barros. *Curso de direito civil* – Parte geral. São Paulo: Saraiva, 1977. p. 140.

sentido vulgar ou genérico, com seu significado jurídico. No primeiro sentido, coisa é tudo quanto existe fora ou além do homem; no segundo, tudo quanto seja suscetível de posse exclusiva pelo homem, sendo economicamente apreciável".

Assim, vistos tais conceitos, serão feitas as considerações sobre bens móveis e imóveis.

Bens Imóveis. Direitos Reais

Consideram-se *bens imóveis* aqueles que não podemos transportar. Definição lapidar é a de Clóvis Bevilacqua: *"Bens imóveis são as coisas que não se podem transportar, sem destruição, de um lugar para outro".*[30] É preciso considerar que o termo "sem destruição" significa implicitamente que o bem não perca sua finalidade útil.

É o caso do terreno e tudo o que nele estiver incorporado. A incorporação ao terreno pode ser uma construção ou uma plantação. O Código Civil considera bens imóveis o solo e tudo o que a ele se incorpora, natural ou artificialmente (art. 79).

Devemos fazer uma referência, nessa oportunidade, ao art. 1.229 do Código Civil, contido no Título III, "Da Propriedade", onde consta que a propriedade do solo compreende também a do espaço aéreo e seu subsolo. Sobre essa matéria, existe legislação específica, além do preceito constitucional, que disciplinou os bens no que se refere ao espaço aéreo e subsolo.

O art. 80 considera imóveis, para efeitos legais, os direitos reais sobre eles e as ações que os asseguram e, ainda, o direito à sucessão aberta (incisos I e II).

Direito real é, também, a relação jurídica em virtude da qual a pessoa pode retirar da coisa todas as utilidades que a mesma possui.

[30] BEVILÁQUA, Clóvis. *Op cit.* obs. 3, art. 43.

São direitos reais, sejam próprios ou de garantia real, todos os elencados no art. 1.225 do Código Civil, dentre eles, a propriedade, a superfície, a servidão e a hipoteca. E as ações que asseguram tais direitos constituídos são todas aquelas que objetivem garantir o cumprimento do direito real de seu titular.

É considerado bem imóvel a sucessão aberta, por se tratar de direito imaterial previsto na Constituição Federal art. 5º XXX, em que é garantido o direito de herança. Conforme art. 1.784 do Código Civil, a herança é transmitida aos herdeiros e testamenteiro, se houver, na abertura da sucessão, que se dá no ato do falecimento do autor da herança.

O art. 81 contém regra da mais alta importância, segundo a qual nem sempre a mobilidade da coisa vale para descaracterizar o bem imóvel. Isto porque continuam sendo consideradas bens imóveis as edificações que, apesar de poderem ser separadas do solo, mantêm a possibilidade de sua conservação como um todo e podem até mesmo ser removidas para outro local, sendo os materiais provisoriamente separados do prédio, para nele serem reintegrados.

Dos Bens Móveis

Tudo aquilo que é passível de ser transportado ou suscetível de movimento próprio, sem que haja alteração da sua substância ou valor, é considerado bem móvel (art. 82).

Exemplos de bens móveis: os que possuem movimento próprio são os animais – chamados também de semoventes – e os que podem ser transportados por forças alheias são os utensílios.

São também considerados bens móveis pela lei, conforme art. 83 e seus incisos, as energias que tenham valor econômico, os direitos reais sobre objetos móveis e as ações correspondentes e os direitos pessoais de caráter patrimonial e respectivas ações.

Diante disso, a energia elétrica, o direito de uso do terminal telefônico e o direito autoral, são considerados bens móveis.

Dos Bens Fungíveis e Consumíveis

Os bens móveis, quando são passíveis de serem substituídos por outros de mesma espécie, qualidade e quantidade, dizem-se *bens fungíveis* (art. 85). Exemplo mais característico desse tipo de bem móvel é o dinheiro. É um bem que pode comprar todos os bens e, por isso, o instrumento de troca absoluto.

Ao contrário, quando podem ser substituídos por outros que não sejam de mesma espécie, qualidade e quantidade, denominam-se *bens infungíveis ou não fungíveis*, como é o caso de uma obra de arte. Ela é única e, portanto, na espécie, insubstituível.

Os bens móveis que importam em destruição imediata da própria substância e os destinados à alienação são considerados como bens consumíveis (art. 86). No primeiro caso, são os bens que se consomem pelo próprio uso, com sua destruição imediata, como acontece com os alimentos que são consumidos e destruídos por sua ingestão. No segundo caso ocorre com o desgaste de objetos, como roupas, discos e móveis, ao serem vendidos pelo negociante ao comprador. Para o comprador poder-se-ia dizer que se trata de bem não consumível, pois o bem se perpetua por longo tempo, não caracterizando, assim, sua destruição imediata. Mas eles têm um período limitado de duração e mesmo de utilidade.

Dos Bens Divisíveis

Existem alguns bens que por suas características são classificados em divisíveis ou indivisíveis. São *bens divisíveis* aqueles que podem ser fracionados e não perdem seu valor, sua substância, formando cada qual um todo perfeito. Ao contrário, os indivisíveis perdem ou diminuem seu valor econômico, ou seja, se fracionados, resultam em desvalorização do bem, ficando alterada sua substância (art. 87).

Os bens móveis como carros e quadros são bens indivisíveis, ocorrendo o mesmo quanto aos bens imóveis quando naturalmente indivisíveis, como a casa que é inseparável de seu terreno.

Deve-se mencionar que o Código Civil, na Parte Especial, Das Obrigações, nos arts. 257 ao 263, trata das obrigações divisíveis e indivisíveis, o que é muito importante para o seu cumprimento.

Existem casos em que bens naturalmente divisíveis podem se tornar indivisíveis por vontade das partes ou determinação legal (art. 88). A própria lei civil, no art. 1.320, § 1º, nos dá um exemplo, pois o condomínio de coisa comum, mesmo divisível, pode se tornar indivisível *pela vontade das partes*, por cinco anos, podendo ser prorrogado tal prazo, e, por *determinação legal*, pode-se citar a indivisibilidade da herança enquanto não houver partilha de bens. A herança é deferida aos herdeiros como um todo, regra do art. 1.791 do Código de Processo Civil. Desta forma, os bens que compõem a herança são indivisíveis. Somente serão divisíveis, se for o caso, quando devidamente partilhados.

Dos Bens Singulares e Coletivos

Os bens singulares são aqueles considerados de *per si*, mesmo que estejam agrupados em outros, mas cada um de seus elementos mantém sua individualidade. É a regra contida no art. 89. É o caso de uma obra de arte. A obra em si mesma é considerada como bem singular, mesmo que esteja exposta em uma galeria. Todavia, se considerada como fazendo parte do acervo das obras de arte da exposição, pode-se dizer que se trata de bem coletivo.

No que se refere à universalidade dos bens, esta pode ser de fato ou de direito. Considera-se de fato a universalidade de bens singulares, que pertencem à mesma pessoa e que tenham uma destinação unitária, citando, como exemplo, um rebanho. Ela é resultante da vontade das pessoas (art. 90).

A universalidade de direito é decorrente de imposição da lei, que determina um regime especial, conforme preceitua o art. 91:

> *"Constitui universalidade de direito o complexo de relações jurídicas, de uma pessoa, dotadas de valor econômico".*

Exemplos seriam a massa falida e a herança.

13

Dos Bens Reciprocamente Considerados

Bem Principal e Acessório

No capítulo anterior, tratou-se dos bens considerados em si mesmos. Agora cabe discorrer sobre bens reciprocamente considerados.

No art. 92 do Código Civil está contido o conceito de principal e acessório:

> *"Principal é o bem que existe sobre si, abstrata ou concretamente; acessório, aquele cuja existência supõe a do principal".*

Partindo-se da regra de que o acessório segue o principal, verifica-se que se for alienado um terreno, a construção nele contida como acessório do principal faz parte da alienação.

As pertenças que são referidas no artigo seguinte, o 93, estão intimamente ligadas aos acessórios, pois, conforme De Plácido e

Silva, pertenças *"é empregado na terminologia jurídica para exprimir* as coisas acessórias, *isto é, que pertencem ou fazem parte de outra coisa, como apêndice dela ou como complemento. Pertenças, assim, são os frutos, sejam naturais ou civis, os instrumentos de trabalho, também ditos ferramentas ou utensílios, são os móveis, que guarnecem a casa. É tomado, também, no sentido de acessões, ou seja, tudo o que se acresce, como acessório, à coisa"*.[31]

Assim visto, e pela regra do art. 93, são pertenças os bens que se destinam ao uso, serviço ou aformoseamento de outro, mas, que seja de modo duradouro.

Todavia, as *pertenças* não são abrangidas nos negócios jurídicos que dizem respeito ao bem principal, como via de regra acontece, podendo ocorrer quando resultante de lei, da manifestação da vontade, ou das circunstâncias do caso (art. 94). O art. 95 preceitua que apesar de ainda separados do bem principal, os frutos e produtos podem ser objeto de negócio jurídico.

Nos dois casos mencionados, cite-se a exemplo a compra e venda de uma fazenda em regime de "porteira fechada", ou seja, na qual se transfere a propriedade com todas as pertenças e, de outro lado, quando a venda se refere exclusivamente ao imóvel, sem que os demais bens acompanhem o negócio.

Benfeitorias Voluptuárias, Úteis e Necessárias

O art. 96 trata das benfeitorias, que podem ser voluptuárias, úteis ou necessárias. *Benfeitorias* são os melhoramentos que se aplicam aos bens para conservá-los, torná-los mais úteis ou agradáveis.

Diz-se que uma benfeitoria é *voluptuária* quando ela tem como escopo tornar o bem mais belo, para mero deleite ou recreação,

[31] SILVA, De Plácido e. *Op. cit.* p. 1.155.

não aumentando seu uso habitual, mesmo que o torne mais agradável e seja de elevado preço (§ 1º).

Já as *benfeitorias úteis*, como o próprio nome diz, são as que aumentam ou facilitam o uso do bem (§ 2º), enquanto que as *benfeitorias necessárias* são aquelas que têm como finalidade conservá-lo de modo que se evite sua deterioração (§ 3º).

As benfeitorias podem ser indenizáveis ou não indenizáveis. As benfeitorias voluptuárias não são passíveis de indenização por parte do proprietário, àquele que as tenha realizado, pois elas não são úteis nem necessárias.

Já as necessárias, diante do benefício para sua conservação, podem ser indenizáveis, o mesmo ocorrendo com as úteis que aumentam a utilidade ou enriquecem o bem. Todavia, para tanto, deve-se observar o modo como ocorreu a benfeitoria. Esta deve ter se realizado de boa-fé, não comportando qualquer indenização quando realizada de má-fé. Mas, se houve autorização do proprietário para a realização de qualquer das modalidades de benfeitorias, todas são indenizáveis.

Pela regra do art. 96, não são consideradas benfeitorias as melhorias que são integradas ao bem, mas que não sofreram intervenção do proprietário, possuidor ou detentor (art. 97). Isto quer dizer que quando não há participação direta do detentor ou possuidor, ocorrendo a melhoria através de fatos oriundos da própria natureza, como a acessão natural que se soma ao bem principal, esta não é considerada benfeitoria. Sendo assim, não é indenizável.

14

Dos Bens Públicos

Conceito

Os bens, quanto à sua titularidade, são considerados públicos ou privados. Bens públicos são aqueles reservados à Administração Pública, que pertencem às pessoas jurídicas de direito público interno, de domínio da nação em suas diferentes esferas, sendo todos os demais considerados particulares (art. 98).

Na definição do Professor José Cretella Júnior *"os bens públicos são considerados em relação às pessoas jurídicas públicas, às coletividades territoriais ou não, que os detêm"*.

O art. 99 relaciona quais são os bens públicos:

"São bens públicos:

I. os de uso comum do povo, tais como rios, mares, estradas, ruas e praças;"

Esses bens são de uso e gozo da coletividade. Como se pode observar, o inciso é meramente exemplificativo, pois diz *tais como,* existindo outros que são de uso comum do povo, como lagos, praias e calçadas etc.

> *"II. os de uso especial, tais como edifícios ou terrenos destinados a serviço ou estabelecimento da administração federal, estadual, territorial ou municipal, inclusive os de suas autarquias";*

São os imóveis que se destinam à administração pública, incluindo-se as autarquias como o DERSA, SABESP e outros do mesmo tipo.

> *"III. os dominicais, que constituem o patrimônio das pessoas jurídicas de direito público, como objeto de direito pessoal, ou real, de cada uma dessas entidades";*

Bens dominicais conforme nos ensina Washington de Barros Monteiro, *"são os que integram o patrimônio da pessoa jurídica de direito público interno, móveis e imóveis, como terrenos de marinha, terras devolutas, estradas de ferro, prédios de renda, títulos da dívida pública e outros"*.[32]

Ainda, de acordo com o parágrafo único do art. 99, não dispondo a lei em contrário, consideram-se dominicais os bens pertencentes às pessoas jurídicas de direito público a que se tenha dado estrutura de direito privado.

A Constituição Federal também disciplinou os bens públicos nos arts. 20 e 26, discriminando-os minuciosamente.

OUTRAS REGRAS

No que diz respeito à alienação dos bens públicos, o art. 100 preceitua que bens públicos de uso da população e os especiais são inalienáveis,

[32] MONTEIRO, Washington de Barros. *Curso de direito civil* – Parte geral. São Paulo: Saraiva, 1977. p. 158.

enquanto conservarem a sua qualificação, na forma que a lei determinar. Já os bens dominicais podem ser alienados, observando-se as exigências legais para tanto (art. 101).

Todavia, os bens públicos não são passíveis de usucapião. Tal regra já estava contida na Constituição Federal, art. 183, § 3º, e veio a ser incluída no Código Civil de 2002, no art. 102.

O uso dos bens públicos pelo povo pode ser a título gratuito ou oneroso, dependendo do que for estabelecido pela entidade a que pertence o bem (art. 103).

No geral, o uso de bens públicos pelo povo se dá de forma gratuita. No entanto, verifica-se muitas vezes, que são instituídas pelo poder público competente retribuições para fazer uso deles. É o caso do pedágio, que impõe ao usuário um pagamento para transitar por uma estrada com seu veículo. O mesmo ocorre com a chamada "zona azul", que determina para quem estacionar seus veículos em vias públicas, o dever de pagar o preço fixado pela administração.

Parte III

DOS FATOS JURÍDICOS

15

Fatos Jurídicos

Conceito de Fato, Ato e Negócio Jurídico

Na lição de Savigny trazida por R. Limongi França, fatos jurídicos são *"os acontecimentos em virtude dos quais as relações de direito nascem, bem como se modificam e se extinguem"*.

Limongi França prossegue esclarecendo que *"na noção de fato jurídico se inclui a de ato jurídico, caracterizando-se este último, de modo específico, pela circunstância de supor a intervenção da vontade humana"*.[33]

Na definição de Washington de Barros Monteiro o ato jurídico *"é a manifestação da vontade tendente a criar, modificar ou extinguir um direito. A vontade é, pois, base e fundamento do ato, sua razão de ser, a alma do negócio jurídico"*.[34]

---

[33] FRANÇA, Rubens Limongi. *Fato Jurídico* – Enciclopédia Saraiva de Direito. São Paulo: Saraiva, 1977. p. 347.

[34] MONTEIRO, Washington de Barros. *Curso de direito civil* – Parte geral. São Paulo: Saraiva, 1977. p. 190.

Já o negócio jurídico como concepção subjetiva leva em consideração a vontade interna manifestada pela declaração, porque exige a responsabilidade de quem a declara e a confiança de quem a recebe.

O Código atual substituiu a expressão *atos* por *negócios jurídicos* justamente para abranger o instituto da boa-fé objetiva, privilegiado nesta legislação, já que os negócios jurídicos são constituídos por elementos superiores aos do ato jurídico, naqueles incluindo-se, além da capacidade, a vontade equilibrada exteriorizada, bem como a concordância entre a manifestação da vontade e a vontade interna. A modificação é importante e correta, pois *negócios jurídicos* define e se ajusta melhor à natureza desse instituto.

Do Negócio Jurídico

O negócio jurídico como já definido acima, trata da manifestação negocial da vontade. Ele pode ser unilateral ou bilateral. Unilateral quando exprime a declaração de vontade de uma só parte, como o testamento. Bilateral quando compreende a declaração de vontade das duas partes, tais como os contratos de venda e compra, locação, edição etc.

Para a validade do negócio jurídico, a lei requer, conforme art. 104 do Código Civil:

> *"I. agente capaz;*
> *II. objeto lícito, possível, determinado ou determinável;*
> *III. forma prescrita ou não defesa em lei".*

O negócio jurídico, tendo como característica principal a expressão de vontade, sendo essa sua base principal, deve ser realizado por quem tenha capacidade para fazê-lo. As regras sobre a capacidade já foram objeto de apreciação na primeira parte deste trabalho e devem ser observadas com relação ao agente. Como exemplo, o absolutamente incapaz, diante de sua impossibilidade de autodeterminação para realizar um negócio jurídico, há de estar devidamente representado por quem legalmente possa fazê-lo. Não estando, o negócio é considerado nulo.

A lei ainda estabelece, no tocante à capacidade, que, sendo ela relativa para uma das partes, não pode ser invocada pela outra em benefício próprio, nem aproveita aos co-interessados capazes. Trata-se de norma que impede que a parte se utilize de uma situação, em tese impeditiva do exercício de certos atos, em benefício próprio ou de co-interessados capazes. A exceção que se estabelece é a referente aos co-interessados quando o objeto do direito ou da obrigação comum for indivisível (art. 105).

Outro requisito para a validade do negócio jurídico é que o objeto deve ser lícito. Objeto é o fato sobre o qual incide o direito. Para Orlando Gomes,[35] *"Objeto fisicamente impossível é o que, por sua própria natureza, não pode integrar qualquer relação jurídica. Objeto juridicamente impossível (é) o bem ou prestação sobre os quais não permite a lei que os particulares transacionem, como as coisas que estão fora do comércio ou os atos contrários à moral e aos bons costumes"*. Lícito é o que não é proibido por lei, portanto, é permitido, legítimo. Quando o objeto do negócio jurídico for ilícito, ele é considerado nulo.

A impossibilidade inicial do objeto, de acordo com o art. 106, não invalida o negócio jurídico se ela for relativa, ou se cessar antes de realizada a condição a que ele estiver subordinado. Quer dizer que se a eficácia do negócio jurídico depender de um acontecimento futuro, somente invalidará esse negócio jurídico se ele se tornar impossível. Caso contrário será válido. O direito parte da realidade e nunca de posições fantasiosas.

O último requisito para validade do negócio jurídico é que deve ser observada a forma prescrita em lei, ou não proibida pela lei. Forma é o meio pelo qual é demonstrada a vontade dos interessados.

Existem negócios para os quais a lei não impõe uma forma especial, bastando que ele se revele através de uma simples manifestação da vontade. No entanto, para alguns casos existem imposições legais, determinando formalidades que devem ser obedecidas. São exemplos, o testamento e a venda e a compra através de escritura pública, negócios esses para os quais a lei impõe forma específica.

---

[35] GOMES, Orlando. *Curso de direito civil – Introdução ao direito civil.* Rio de Janeiro: Forense, 1998. p. 368.

A declaração de vontade não depende de forma especial, a não ser quando expressamente ditada pela lei (art. 107), considerando-se, também, o que edita o art. 104, III (forma prescrita ou não defesa em lei).

Assim, a manifestação da vontade pode ser exarada sob qualquer forma, quando não houver imposição de uma regra própria. Se a lei não fizer nenhuma exigência, a forma é livre, podendo a manifestação ser expressa ou tácita. De acordo com Washington de Barros Monteiro *"A ordem jurídica não cria restrições à sua livre-exteriorização; assim sendo, o agente não se acha adstrito a imprimir-lhe forma especial, podendo recorrer, indiferentemente, à palavra falada, à palavra escrita, ao gesto e até mesmo ao simples silêncio, desde que apto a traduzir o pensamento. A lei deixa o agente à vontade, cabendo-lhe exprimir seu intento como lhe agrade"*. [36]

O importante é que a vontade do agente se torne conhecida.

Por outro lado, quando o negócio jurídico trata de constituição, transferência, modificação ou renúncia de direitos reais sobre imóveis cujo valor seja superior a trinta vezes o maior salário mínimo vigente, para que tenha validade, é de rigor que seja realizado através de escritura pública (art. 108). Isso não quer dizer que não possa haver um instrumento particular onde a vontade se manifeste. Todavia, se não for observada a regra desse artigo, ou seja, através de escritura pública, o negócio não terá eficácia, porque não estará revestido da formalidade atribuída pela lei. Conforme se verifica do artigo, apenas os contratos translativos devem ser objeto de escritura pública. Os que tratam de transmissão de posse, como, por exemplo, a cessão de direitos possessórios, não estão sujeitos a esse rigor legal, pois para esses a lei não exige uma forma especial, e se realizados através de instrumentos particulares, terão validade, não sendo necessário observar a limitação de valor.

Como diz o art. 108 "não dispondo a lei em contrário", existem no Código Civil disposições que consagram a possibilidade de se transmitir direito real de propriedade mediante instrumento particular, independentemente da estipulação de valor, segundo o art. 1.417 que assim preceitua:

---

[36] MONTEIRO, Washington de Barros. *Curso de direito civil* – Parte geral. São Paulo: Saraiva, 1977. p. 252.

"Mediante promessa de compra e venda, em que se não pactuou arrependimento, celebrada por instrumento público ou particular, e registrada no Cartório de Registro de Imóveis, adquire o promitente comprador direito real à aquisição do imóvel".

A propósito, o Decreto-Lei 58, de 1937, ainda vigente, dispõe sobre o loteamento e a venda de terrenos para pagamento em prestações, estabelecendo em seu art. 11:

"Do compromisso de compra e venda a que se refere esta lei, contratado por instrumento público, ou particular, constarão sempre (...)".

Essas situações não são atingidas pela limitação contida no art. 108.

Também podem as partes estipular que o negócio jurídico realizado só terá validade se tiver como forma o instrumento público. Sendo assim, o instrumento público é a substância do ato (art. 109). Nesse caso a imposição não é da lei, mas da vontade das partes e, se assim determinaram, o instrumento público é essencial para ter validade o negócio. No caso, impõe-se o preceito de respeito aos contratos, desde que pactuados de boa-fé e sem ofensas aos ditames da lei.

Reserva Mental

O dispositivo contido no art. 110 do Código Civil é totalmente novo em nossa legislação. Trata da reserva mental que está prevista em outras legislações estrangeiras, como o Direito Alemão e Português.

Preceitua o art. 110:

"A manifestação de vontade subsiste ainda que o seu autor haja feito a reserva mental de não querer o que manifestou, salvo se dela o destinatário tinha conhecimento".

Na reserva mental, o declarante apresenta uma declaração que não corresponde à sua verdadeira vontade, feita com a intenção de enganar o destinatário da declaração, o qual não tem conhecimento de tal fato. Verifica-se que o propósito é de um só, é unilateral, desconhecendo a outra parte a verdadeira intenção do declarante.

A exemplo, cite-se o caso de pessoa que declara vender alguma coisa visando ocultar uma doação; alguém que firma uma garantia para, depois, postular a sua nulidade em face do não pagamento de um empréstimo; alguém que ofende publicamente um terceiro e depois alega reserva mental em sua defesa, o que não pode prevalecer sobre o direito individual violado; o empregador que obtém assinatura de empregado em documento que autorize a publicação de sua imagem para fins institucionais, quando a verdadeira intenção era a de usar a imagem em jornal de grande circulação para propaganda. Neste caso, o conteúdo da declaração não expressava a verdadeira intenção da empresa, o que revela, de forma sub-reptícia, a má-fé e a reserva mental. São situações que não excluem a responsabilidade, salvo se o destinatário da declaração tinha conhecimento da verdadeira intenção do declarante.

A reserva mental nem sempre constitui um ato fraudulento. Sua importância está no fato de que o autor pode, com isso, esconder um ato de legítimo interesse das partes envolvidas. É o caso, por exemplo, de promessa feita para evitar o suicídio de alguém – a promessa é feita sem a intenção de cumpri-la.

De outra parte, de acordo com o art. 111,

> *"O silêncio importa anuência, quando as circunstâncias ou os usos o autorizarem, e não for necessária a declaração de vontade expressa".*

Note-se que o Código de Defesa do Consumidor traz regra que exige a manifestação expressa da vontade, como se vê no art. 39, III, que edita:

> *"É vedado ao fornecedor de produtos ou serviços"*

dentre outras práticas abusivas:

"III. enviar ou entregar ao consumidor, sem solicitação prévia, qualquer produto, ou fornecer qualquer serviço".

Portanto, nesse caso, o silêncio não importa em anuência.

Intenção

Nas declarações de vontade deve prevalecer a *intenção* pois, quando o texto não for claro, a interpretação deve ser feita, não no sentido literal, mas sim tendo em vista a intenção das partes (art. 112). Tal regra sobre a intenção é imperativa no Código, deixando a literalidade para segundo plano, quando esta é obscura. O intérprete deve buscar a real intenção dos declarantes, através de outros elementos, sem ficar preso à letra da declaração.

Carvalho dos Santos lecionou que *"A vontade, como elemento constitutivo do negócio jurídico, muitas vezes precisa ser esclarecida por meio da interpretação, para que se possa fixar, eis que surja a dúvida, o que quis o declarante e qual o verdadeiro conteúdo da declaração e do negócio jurídico. O poder interpretativo do juiz, está circunscrito à obrigação de procurar esclarecer o conteúdo do negócio jurídico, tendo sempre presente que a vontade deve ser pesquisada em relação ao fim jurídico do ato, no qual é objetivada"*. Diz mais: *"Vedando a interpretação literal com prejuízo do verdadeiro sentido da vontade manifestada, claro está que o Código não quer que prevaleçam os erros, os lapsos, os descuidos, as palavras propriamente empregadas"*.[37]

O Tribunal de Justiça de Sergipe, ao enfocar a questão relativa à interpretação sobre a intenção dos declarantes, pronunciou-se da seguinte forma: *"Na declaração de vontade, que é o conteúdo de todo ato jurídico, quando a expressão verbal é imperfeita, insuficiente, obscura ou ambígua, deve-se atender à intenção das partes, desde que haja elementos para determiná-la"*.[38]

[37] SANTOS, João Manoel de Carvalho. *Código Civil brasileiro interpretado*. 4. ed. Rio de Janeiro: Freitas Bastos, 1952. v. 2, p. 284 e 285.

[38] Apelação Cível 950/79 – TJS – Relator Desembargador Antônio Machado.

INTERPRETAÇÃO

Devem ser interpretados os negócios jurídicos de acordo com a *boa-fé* e os usos do lugar em que forem celebrados (art. 113).

Diz-se *boa-fé*, segundo De Plácido e Silva, "*no sentido de expressar a intenção pura, isenta de dolo ou engano, com que a pessoa realiza o negócio ou executa o ato, certa de que está agindo na conformidade do direito, conseqüentemente, protegida pelos preceitos legais*".[39]

Assim, para os negócios jurídicos é necessário verificar se as partes agiram com lealdade e de acordo com os usos e costumes. Essa técnica de interpretação é a que deve ser utilizada para delimitar o conteúdo dos negócios jurídicos.

Esse artigo não constava da legislação anterior. Mas esse princípio já integrava, anteriormente, o Código de Defesa do Consumidor, art. 4º, III editando que, para atender à dignidade, proteção, segurança, transparência e harmonia nas relações entre consumidores, devem estas estar baseadas na boa-fé e equilíbrio.

Vale ressaltar que o Código Civil de 2002, como um todo, tem como escopo a regra segundo a qual todas as relações negociais devem se dar com observância nos princípios da boa-fé e equilíbrio. Com base nesses princípios, primeiramente é que os negócios jurídicos devem ser analisados e, *a posteriori*, as demais regras amparadas pela legislação civil.

Os negócios jurídicos e a renúncia, de acordo com o art. 114, devem ser interpretados estritamente. Estrito quer dizer, segundo Aurélio Buarque de Holanda: rigoroso, exato, que não comporta extensão ou analogia; preciso, restrito.[40]

A interpretação dos negócios jurídicos benéficos, e também da renúncia, deve ser a restritiva e, assim sendo, não pode haver extensão objetiva. Exemplos de negócios benéficos são a doação, a fiança e o testamento; e de renúncia, a herança, vencimento de dívida e extinção da hipoteca pelo credor.

---

[39] SILVA, De Plácido e. *Op. cit.* p. 257.

[40] HOLANDA, Aurélio Buarque de. *Novo dicionário da língua portuguesa*. 11ª impressão. Rio de Janeiro: Nova Fronteira, 1982. p. 588.

Como caso concreto sobre a interpretação restritiva dos negócios jurídicos benéficos cite-se a do fiador que, não tendo sido cientificado da ação de despejo, não responde por honorários e custas. Esse é o entendimento jurisprudencial a respeito conforme julgado do 1º Tribunal de Alçada do Rio de Janeiro *"...o fiador que não for cientificado da ação de despejo não deve responder por honorários de advogado e custas ali vencidas. De fato, a fiança é contrato benéfico e se interpreta restritivamente (...) não comportando, destarte, extensão objetiva (de re ad rem) e, como nota o Prof. Caio Mário (Instituições de Direito Civil, 5. ed., 1981, vol. 3, p.46), não pode o fiador ser onerado com o encargo desnecessário, pois se fosse convocado à lide não deixaria marchar o processo, pagando".*

Copiosa jurisprudência, nesse mesmo sentido, é apresentada pelo Prof. Washington de Barros Monteiro, em seu utilíssimo *Curso de Direito Civil* (1984, vol. 5, p. 363). E esse mesmo posicionamento foi prevalente no Encontro dos Tribunais de Alçada do Brasil, realizado em 1981, cujas conclusões ressaltam a "irresponsabilidade do fiador pelas custas e honorários da ação de despejo, da qual não teve ciência".[41]

A ciência dos fatos é que torna real os conceitos jurídicos.

[41] Apelação Cível 4420 – 4ª Câmara – Relator Juiz Humberto Manes.

16

Da Representação

Representação Legal e Convencional

Este capítulo – "Da Representação" – não constava da legislação anterior de modo autônomo. Somente algumas regras estavam distribuídas em disposições esparsas.

A representação é a instituição de poderes que pode ser de ordem legal ou convencional, quando estipulada pelas partes.

A *representação legal* é aquela imposta pela lei. Observa Orlando Gomes que: *"A representação legal é instituída em razão de relevante interesse jurídico. Diante da impossibilidade jurídica de pessoas incapazes proverem seus próprios interesses, torna-se necessário atribuir a alguém o poder-dever de curá-los. Quando estabelecida para esse fim, a representação adquire o relevo de verdadeiro* munus, *agindo o representante como se fora titular de um ofício, mas de direito privado, no sentido de que exerce uma função ou atividade obrigatória, investido em autêntico e indiscutível* poder, *na acepção técnica do termo. Contudo, a representação legal não se circunscreve a essas hipóteses. Ocorre, igualmente, quando não está em jogo a incapacidade dos representados. O poder de agir em nome das pessoas em cuja esfera jurídica patrimonial se devem produzir os efeitos da atividade é conferido, nesses casos, a fim de subordinar o interesse individual da pessoa capaz a um interesse superior. Atribui-se esse poder de representação de pessoas capazes seja no interesse do grupo, como a família ou a categoria profissional, seja no interesse de terceiros, como na falência".*[42]

Assim, os poderes conferidos na representação legal decorrem da própria lei, como no caso do absolutamente incapaz que deve estar devidamente representado para os atos da vida civil; o inventariante, que é o representante legal do Espólio ou o síndico, representa a massa falida.

As *representações convencionais* decorrem da vontade do representado em conceder ao seu representante a outorga de poderes. O mandato é a forma mais usada para a representação convencional. E, de acordo com o art. 653 do Código Civil, "opera-se o mandato quando alguém recebe de outrem poderes para, em seu nome, praticar atos ou administrar interesses. A procuração é o instrumento do mandato". Mais adiante, o art. 656 estatui que o mandato pode ser tácito, verbal ou escrito.

Os negócios jurídicos são realizados através de representação convencional, chamada de representação direta, ou seja, aquela em que o representante recebeu poderes outorgados pelo representado, para agir por ele. Os efeitos advindos desse negócio são produzidos para o representado, como se ele próprio tivesse agido. A vontade manifestada pelo representante é a própria vontade do representado.

É o que se tem disposto nos arts. 115 e 116 que tratam da representação estabelecida através de poderes conferidos pela lei ou pelo próprio interessado (art. 115) e onde a manifestação de vontade feita pelo representante, obviamente, no limite de seus poderes, produz efeitos em relação ao representado (art.116).

À luz do que dispõe o art. 117, verifica-se que é admissível um negócio jurídico realizado pelo representante de alguém consigo

---

[42] GOMES, Orlando. *Curso de direito civil* – Introdução ao direito civil. Rio de Janeiro: Forense, 1998. p. 484.

mesmo, desde que permita a lei ou o representado. O referido artigo, entretanto, estabelece a anulabilidade para os negócios que não tenham amparo da lei ou permissão do representado. O art. 685 do Código Civil é um exemplo da validade do contrato "consigo mesmo": conferido o mandato com a cláusula "em causa própria", a sua revogação não terá eficácia, nem se extinguirá pela morte de qualquer das partes, ficando o mandatário dispensado de prestar contas, e podendo transferir para si os bens móveis ou imóveis objetos do mandato, obedecidas as formalidades legais.

O representante está obrigado a demonstrar ao terceiro com quem trata em nome do representado, sua qualidade e a extensão de seus poderes, sob pena de, não o fazendo, responder ao terceiro pelos atos realizados além dos poderes que lhe foram conferidos. É o que se infere do art. 118. Assim, será responsabilizado o representante, respondendo pessoalmente pelos atos realizados além do limite dos poderes estabelecidos no mandato.

Em relação ao terceiro, quando o negócio realizado pelo representante está em conflito com o interesse do representado e isso era de conhecimento do terceiro, o negócio é anulável (art. 119). Verifica-se aqui a figura da má-fé do terceiro que, apesar de sabedor do conflito de interesses, opondo representante e representado, mesmo assim realiza o negócio, o qual, em conformidade com a lei, deve ser anulado.

O prazo para pleitear a anulação do negócio é de cento e oitenta dias a contar de sua conclusão, sendo tal prazo decadencial (art. 119 parágrafo único).

O art. 120 estipula que

> *"Os requisitos e os efeitos da representação legal são os estabelecidos nas normas respectivas; os da representação voluntária são os da Parte Especial deste Código".*

A representação legal e a voluntária já foram objeto de considerações no início desse Capítulo.

17

Da Condição, do Termo e do Encargo

Da Condição – Conceito

Como podemos observar no art. 121

> *"Considera-se condição a cláusula que, derivando exclusivamente da vontade das partes, subordina o efeito do negócio jurídico a evento futuro e incerto".*

A lei permite, portanto, que as partes condicionem o efeito do negócio jurídico à realização de um evento futuro e incerto. Cite-se, a exemplo, o compromisso de venda e compra de imóvel condicionado a obtenção, pelo comprador, de financiamento, sob pena de resolução do instrumento, com devolução das quantias já pagas e pagamento pelo comprador de taxa de uso do imóvel, importâncias que podem ser compensadas no ajuste final. Tornando-se o financiamento impossível, não podendo o comprador obtê-lo, resolve-se o contrato, já que as partes convencionaram sua concretização a um evento futuro e incerto. Esse evento – note-se – transforma-se em elemento essencial do negócio, desde que convencionado pelas partes.

CONDIÇÃO PURAMENTE POTESTATIVA E SIMPLESMENTE POTESTATIVA

As condições que as partes convencionam livremente, em geral, são lícitas, desde que não sejam contrárias à lei, à ordem pública ou aos bons costumes, tal como consta do art. 122, 1ª parte. Todavia, a lei proíbe as condições, se vierem elas a privar de todo efeito o negócio jurídico, ou o sujeitarem ao puro arbítrio de uma das partes.

A proibição do art. 122, segunda parte, visa manter o equilíbrio entre os contratantes, para que estejam elas em igualdade de condições, sendo defeso que o negócio jurídico crie situações injustas para uma delas.

Desse modo, não se permite que no negócio jurídico se estabeleça cláusula puramente potestativa, por envolver isso *capitus diminutio* de uma das partes, que, assim, ficaria sujeita por inteiro ao mais absoluto arbítrio do outro contratante. Esclareça-se que condição potestativa é aquela que depende da vontade exclusiva de uma das partes.

Como ensina Carvalho de Mendonça sobre a condição potestativa, *"a regra única que o assunto comporta em doutrina é que, se a potestativa é um* merum arbitrium *da parte que se deve obrigar, ela impede que o laço obrigacional se forme e, portanto, anula a promessa, se é suspensiva"*.[43]

[43] MENDONÇA, Carvalho de. *Doutrina e prática das obrigações*. 2. ed. Rio de Janeiro: Francisco Alves, v. 1, p. 251.

Envolvendo a matéria o estudo da cláusula potestativa, é importante que se distinga a condição puramente potestativa e a simplesmente potestativa, sendo possível dizer que, no primeiro caso, deve existir absoluta ausência de consentimento de uma das partes e expressar se o que ali se encontra enunciado situa-se somente no "quero se quiser" de um dos contratantes, como já dito em decisão judicial, lembrando os civilistas italianos.[44]

Sendo assim, são proibidas as condições *puramente potestativas*, como se viu da leitura da 2ª parte do art. 122 . Já as condições simplesmente potestativas são consideradas lícitas, desde que não contrariem a lei, a ordem pública e os bons costumes. Silvio Rodrigues, ao analisar a cláusula simplesmente potestativa, ensina que *"o caso prático de maior interesse referente à matéria é o da renovação da locação deixada ao arbítrio do locatário"*.[45]

Reiterando esse entendimento, Carvalho Santos aduz que *"a condição potestativa só anula o ato quando afeta a própria obrigação e não apenas a duração desta"*.[46]

A jurisprudência predominante considera *puramente potestativa* a condição que se implementa por mero capricho, e nunca a que resulta de motivos vários, razoavelmente influenciadores na vontade do interessado. Reconhecem, assim, os julgados, validade à cláusula em situação tal que a verificação ou não do evento é deixada à vontade de uma das partes, em circunstâncias que permitam pressupor que sua deliberação futura venha a ser determinada por motivos sérios dentro da ordem das coisas e não por mero arbítrio, segundo a lição de Vicente Rao.[47]

Nesses casos, tratando-se de condições *simplesmente potestativas*, são consideradas lícitas, na forma do que consta da primeira parte do art. 122.

---

[44] RT 543/215.

[45] RODRIGUES, Silvio. *Op. cit.* p. 244.

[46] SANTOS, João Manoel de Carvalho. *Código Civil brasileiro interpretado*. Rio de Janeiro: Freitas Bastos, 1953. v. 3, p. 35.

[47] RT 658/19.

Condições que Invalidam o Negócio Jurídico

De outra parte, as cláusulas condicionais invalidam os negócios jurídicos que lhes são subordinados, como se infere do art. 123, quando forem assim configuradas:

> *"I. as condições física ou juridicamente impossíveis, quando suspensivas;*
> *II. as condições ilícitas, ou de fazer coisa ilícita;*
> *III. as condições incompreensíveis ou contraditórias".*

Sobre esse tema, cite-se a lição de L. Cabral de Moncada, professor lusitano que, com muita clareza, expôs quanto às declarações eivadas com um dos vícios citados no art. 123, apontando que *"há manifestamente de comum uma vontade aparente, que é declarada, a qual não corresponde intencionalmente vontade alguma séria de querer aquilo que se diz ou que se propõe".*[48]

Entre as declarações não sérias, como se expressa o professor citado, incluem-se aquelas ligadas à impossibilidade física do objeto da declaração. Nesse particular, deve-se lembrar o que consta do art. 104 que exige para a validade do negócio jurídico que o objeto seja lícito, possível, determinado ou determinável. Não há qualquer dúvida de que o objeto possível deve ser entendido como física ou juridicamente possível.

Assim, também de acordo com o art. 124, as condições fisicamente impossíveis, bem como as de não fazer coisa impossível, tem-se por inexistentes. Segundo Clóvis Beviláqua, *"o Código as toma por ociosas, frívolas, extravagantes ou ineptas".*[49]

Cite-se a exemplo das hipóteses comentadas, a defesa apresentada pela União em ação que sofre de usucapião de lote que se encontra em perímetro urbano, sustentada no fato de pertencer ao

---

[48] MONCADA, L. Cabral. *Lições de direito civil.* Coimbra: Atlantida, 1932. v. 2, p. 264.
[49] BEVILÁQUA, Clóvis. *Op. cit.* art. 116, obs. n. 1.

aldeamento de índios. Vê-se bem, pois, que a referida alegação é no mínimo extravagante, além de nada séria.

Condição Suspensiva e Resolutiva

De outra parte, subordinando-se a eficácia do negócio jurídico à condição suspensiva, ou seja, aquela que suspende o efeito do ato jurídico até que se cumpra a condição, enquanto esta não se verificar, não se terá adquirido o direito a que ele visa (art. 125).

Cite-se como exemplo a existência de contrato particular de compra e venda mediante o qual o comprador adquiriu sob condições um imóvel, isto é, mediante pagamento de determinada quantia de entrada e outro tanto em parcelas mensais e outras intermediárias. A obrigação de realizar a transferência do imóvel se dará somente quando se cumprir a condição suspensiva. Já a falta do pagamento das parcelas implica a rescisão do contrato, o que pode ser obtido por decisão judicial.

Do mesmo modo, se alguém dispuser de uma coisa sob condição suspensiva e, pendente esta, fizer àquela novas disposições, estas não terão valor, se uma vez realizada a condição forem com ela incompatíveis (art. 126).

Ilustre-se o texto legal com a hipótese de alguém que doa um imóvel, com condição suspensiva e enquanto esta perdurar vende o imóvel. Esta venda é nula, em razão da incompatibilidade. Já se o imóvel é alugado, pendente a condição do primeiro negócio jurídico, a locação é válida.

Mas, se a condição for resolutiva, ou seja, aquela que implica a resolução do ato, enquanto esta não se realizar vigorará o negócio jurídico, podendo se exercer desde a sua conclusão o direito por ele estabelecido (art. 127). O exemplo mais comum citado na doutrina é o de alguém que cede um imóvel para outrem enquanto solteiro. Assim, o negócio jurídico produz desde logo seus efeitos, podendo se exercer o direito de imediato. Ou seja, enquanto a pessoa não casar, pode morar na casa, exercendo todos os direitos atinentes.

Assim considerado, ao titular do direito eventual, nos casos de condição suspensiva ou resolutiva, é permitido praticar os atos destinados a conservá-lo (art. 130). É que, produzindo o negócio jurídico, desde logo, seus efeitos, admitindo-se a ocorrência de um direito adquirido, o titular do direito eventual poderá praticar todos os atos destinados a conservá-lo.

Todavia, sobrevindo a condição resolutiva (no exemplo acima, a pessoa casa-se) extingue-se, para todos os efeitos, o direito a ela concedido (ou seja, resolve-se o negócio jurídico que permitiu a cessão do imóvel, ficando obrigada a pessoa a devolvê-lo). As partes retornam ao *status quo ante.*

É o que estabelece o art. 128, em sua primeira parte. Mas, se a realização da condição está aposta a um negócio de execução continuada ou periódica, salvo disposição em contrário, não tem eficácia quanto aos atos já praticados, desde que compatíveis com a natureza da condição pendente e conforme os ditames da boa-fé (art. 128, 2ª parte).

De outro lado, a condição cujo implemento for maliciosamente obstado pela parte a quem desfavorecer, reputa-se verificada quanto aos efeitos jurídicos, como se infere do art. 129, 1ª parte.

Neste caso, tem-se o exemplo de alguém que se compromete a pagar a comissão do corretor de um imóvel, em razão de ter ele negociado o bem, quando do recebimento do financiamento a ser obtido pelo comprador. Se o devedor da comissão, maliciosamente, obsta a liberação do financiamento, impõe-se verificar, quanto aos efeitos jurídicos, a condição para pagamento da remuneração do corretor.

O mesmo art. 129 ainda trata da hipótese contrária, ou seja, reputa-se não verificada a condição maliciosamente levada a efeito por aquele a quem aproveita o implemento (2ª parte do mesmo artigo).

No exame das condições suspensivas e resolutivas, esclarecedora é a lição de Silvio Rodrigues, no sentido de que: *"o negócio sujeito à condição resolutiva se aperfeiçoa desde logo, todavia fica sujeito a se desfazer, e de fato se desfaz, se ocorrer aquele evento futuro e incerto referido na avença. Alguém adquire uma fazenda sob condição de o negócio se resolver, se gear nos próximos dois anos. O negócio é perfeito desde logo, porém tem sua eficácia ameaçada pela eventual ocorrência do fato estipulado. Se ele não advier dentro de tal prazo, frustra-se a condição, e o contrato continua a viger em toda sua plenitude; se, pelo contrário, o fato temido produzir-se, o negócio perde sua eficácia, desamarrando-se o nó contratual".* [50]

Enquanto na condição suspensiva o ato só ganha eficácia com o advento daquela, na resolutiva o negócio se resolve com o referido advento.

Do Termo

No estudo da condição, viu-se que a referida modalidade afeta o direito mesmo, de tal maneira que ele somente surge ou se extingue com o advento do fato futuro e incerto. Já o *termo* serve para protrair, no tempo, a exigibilidade da prestação.

Assim, quando a obrigação existe, mas o fato determinante de sua verificação, ou seja, o momento de cumprir a obrigação, não acontece, trata-se de *termo* e não de condição.

De acordo com o art. 131, o *termo* inicial suspende o exercício, mas não a aquisição do direito. É que ao se realizar um ato a *termo*, quer se dizer que o ato está consumado, adquire-se o direito, mas o seu exercício permanece suspenso desde o *termo* inicial até a ocorrência do tempo a que se refere o *termo*.

Na lição de Clóvis Beviláqua, *"o termo inicial, primordial ou suspensivo (*dies a quo, ex die*) retarda o exercício do direito que se considera já adquirido desde o momento em que a vontade se manifesta juridicamente".*[51]

Cite-se a exemplo uma escritura de doação a *termo*, ou seja, subordinada à morte do doador. Trata-se de um contrato de doação *inter vivos* a *termo*, que subordina o exercício do direito a um tempo: a morte do doador. A aquisição do direito se dá no *termo* inicial, mas seu exercício fica suspenso até a ocorrência do *termo* final.

---

[50] RODRIGUES, Silvio. *Op. cit.* p. 251.

[51] BEVILÁQUA, Clóvis. *Op. cit.* p. 123.

Portanto, a diferença existente entre *termo* e *condição* no exemplo citado, é explicada por Caio Mário da Silva Pereira: *"a condição impede a aquisição de direito, enquanto que o termo lhe suspende tão somente o exercício"*.[52]

Classificação

Os *termos* classificam-se, segundo o critério do momento de sua verificação, em determinados e indeterminados. Determinados são aqueles estabelecidos com data marcada por ano, mês e dia, ou mediante referência a um evento ocorrível e identificável, ou ainda por meio da fixação de um espaço certo de tempo, a partir de uma data. Termo indeterminado é aquele sujeito a um evento futuro que, embora não se saiba a data de sua verificação, advirá no tempo.

Há termos, conforme ensina a doutrina, cuja determinação é deixada à vontade das partes, a que se dá o nome de termos potestativos. Tal é a cláusula que estabelece o adimplemento protraído à data de pagamento no momento em que, por exemplo, determinado imóvel for vendido. Assim, como não foi fixado prazo nem preço para venda, o ato ficou ao arbítrio do devedor, isto é, venderá o imóvel quando quiser e pelo preço que entender mais conveniente.

Na hipótese comentada, o tribunal, ao decidir, recorreu aos princípios gerais do direito, à míngua de disposições gerais e específicas e, adotando o magistério de Vicente Rao, assim se pronunciou: *"duas regras gerais existem que, conjugadas, podem ter aplicação às espécies aludidas. Reza a primeira que, em caso de dúvida deve prevalecer a solução favorável à eficácia dos atos jurídicos e, pois, das obrigações; ordena a segunda que se confira certeza e segurança aos atos criadores de direitos e obrigações, em atenção às necessidades do tráfico. De uma regra e outra se infere cumprir ao intérprete, sempre que possível, eliminar dos afixados, se constitua mediante interpelação ou notificação (ou, sendo caso mediante protesto); e) – que essas obrigações se transmitem nos termos expostos aos herdeiros e sucessores do devedor"*. [53]

[52] PEREIRA, Caio Mário da Silva. *Instituições ao direito civil* – Teoria geral do direito civil. Rio de Janeiro: Forense, 1980. 1/339, n. 99.

[53] JTACSP 23/37.

Cômputo dos Prazos – Regra Geral

De acordo com o art. 132, salvo disposição legal ou convencional em contrário, computam-se os prazos excluído o dia do começo e incluído o do vencimento.

Não se confunde o dia do começo do prazo com o dia do início da contagem do prazo. O dia do começo do prazo é o que se assinala como sendo o termo *a quo*. Já o dia do início da contagem do prazo é o primeiro dia útil que se seguir ao termo *a quo*.

Esta norma também está contida no Código de Processo Civil, art. 184, que dispõe:

> *"Salvo disposição em contrário, computar-se-ão os prazos, excluindo o dia do começo e incluindo o do vencimento".*

O § 1º do art. 132 do Código Civil atual estabelece que se o dia do vencimento cair em feriado, considerar-se-á prorrogado o prazo até o seguinte dia útil, o que confirma a regra de que os prazos só começam a fluir a partir do primeiro dia útil após a intimação. Se a intimação for feita em dia de sábado ou em dia em que o expediente forense for encerrado antes da hora normal, o prazo terá início no primeiro dia útil que se seguir.

Já os prazos fixados por hora contam-se de minuto a minuto, como consta do § 4º do mesmo art. 132. No magistério de Pontes de Miranda, *"os prazos fixados por hora contam-se de minuto a minuto, de modo que se adota a quase-continuidade, fugindo-se à regra jurídica do Direito português, que ainda nesse caso mandou se desprezasse o dia inicial. Os prazos do art. 190 e parágrafo único (hoje 131 e parágrafos) para o serventuário (vinte e quatro horas, quarenta e oito horas) são exemplos".* [54]

O mesmo art. 132, no § 2º, ainda trata de definir o que se considera meado, ou seja, em qualquer mês, o seu décimo quinto dia. E, por fim, os prazos de meses e anos expiram no dia de igual número ao de início, ou no imediato, se faltar exata correspondência (§ 3º).

[54] MIRANDA, Francisco Cavalcanti Pontes de. *Tratado de direito privado* – Comentários ao Código de Processo Civil. 2. ed. Rio de Janeiro: Forense, 1979. t. III, p. 190.

Outras Regras

Nos testamentos, presume-se o prazo em favor do herdeiro e, nos contratos, em proveito do devedor, salvo, quanto a esses, se do teor do instrumento ou das circunstâncias, resultar que se estabeleceu a benefício do credor, ou de ambos os contratantes (art. 133). A regra será de privilegiar o herdeiro ou o devedor, salvo convenção em contrário ou originado de circunstâncias tais que modifiquem a norma.

De outra parte, os negócios jurídicos entre vivos, sem prazo, são exeqüíveis desde logo, salvo se a execução tiver de ser feita em lugar diverso ou depender de tempo (art. 134).

A aplicação do referido texto legal se dará nos casos em que o negócio jurídico não estiver sujeito a condição suspensiva ou simplesmente potestativa. Até porque conforme disposto no art. 135 temos o seguinte:

> *"Ao termo inicial e final aplicam-se, no que couber, as disposições relativas à condição suspensiva e resolutiva".*

A exemplo, cite-se o caso de um contrato de compra e venda de árvore em pé para extração e retirada em certo prazo. Trata-se de contrato caracterizadamente a termo resolutivo, também denominado a termo final. Com o advento do dia determinado, que é fato futuro e certo, faz cessar a eficácia do ato jurídico ou, como ensina Caio Mário: *"o termo final não destrói propriamente a relação jurídica, mas põe fim aos seus efeitos"*.[55]

Do Encargo

Trata-se de uma *"obrigação ou gravame (ônus) imposto como restrição ou limitação ao direito adquirido ou como o dever a ser cumprido"*.[56]

[55] PEREIRA, Caio Mário da Silva. *Op. cit.* p. 498.
[56] SILVA, De Plácido e. *Op. cit.* vol. II, p. 596.

O art. 136 estabelece que

> *"O encargo não suspende a aquisição nem o exercício do direito, salvo quando expressamente imposto no negócio jurídico, pelo disponente, como condição suspensiva".*

Pela primeira parte da disposição legal verifica-se que o encargo difere da condição, posto que aquele não suspende a aquisição nem o exercício do direito, como ocorre na condição suspensiva em que o ato só ganha eficácia com o advento daquela, ou na condição resolutiva na qual o negócio se resolve com o referido advento.

A regra pode ser, todavia, excepcionada, como aduz a segunda parte do art. 136, se estiver expressamente imposto no negócio jurídico, como condição suspensiva. De outra forma, de acordo com a regra geral, o encargo não tem efeito suspensivo, apresentando-se sempre em caráter coercitivo.

A este respeito, afirma De Plácido e Silva, *"o encargo, salvo os que se constituem e se formam por imposição legal, é sempre decorrente de uma cláusula, onde se inscreve para ser cumprido e exigido. E se são encargos reais, se transmitem com as coisas para aqueles que as receberem por transferência ou por sucessão. É que os encargos reais, ou ônus reais, formam um vínculo entre a coisa e a pessoa que passa a possuí-la, tornando-a exigível onde quer que se encontre, porque a coisa é a garantia de seu cumprimento e de sua efetividade".*[57]

Como regra geral, a validade dos negócios jurídicos implica que estes contenham objeto lícito, possível, determinado ou determinável. Em conseqüência, o encargo ilícito ou impossível, nos termos do art. 137,

> *"Considera-se não escrito o encargo ilícito ou impossível, salvo se constituir o motivo determinante da liberalidade, caso em que se invalida o negócio jurídico",*

por afronta ao art. 104.

---

[57] SILVA, De Plácido e. *Op. cit.* p. 596.

18

Dos Defeitos do Negócio Jurídico

Considerações

O defeito do negócio jurídico se dá quando ocorre vício de vontade, que pode ser perpetrado através de erro ou ignorância, dolo, coação, estado de perigo, lesão ou fraude contra credores. O defeito está intimamente ligado à imperfeição do consentimento, da vontade do agente. Os negócios jurídicos praticados com esses defeitos são anuláveis.

Erro ou Ignorância

Dispõe o art. 138 que os negócios jurídicos são anuláveis,

> *"quando as declarações de vontade emanarem de erro substancial que poderia ser percebido por pessoa de diligência normal, em face das circunstâncias do negócio".*

Erro é a noção falsa de alguma coisa e, para que o negócio com tal vício seja anulável, esse erro deve ser substancial. Segundo Washington de Barros Monteiro, *"o erro, para viciar a vontade e tornar anulável o ato, deve ser* essencial *ou* substancial, *isto é, de tal força, de tal relevo, de tal consistência, que, sem ele, o ato não se realizaria".*[58]

Assim visto, a lei não agasalha os erros acidentais, culposos e nem os grosseiros.

Considera-se erro essencial (art. 139, I) o que

> *"I. interessa à natureza do negócio, ao objeto principal da declaração, ou a alguma das qualidades a ele essenciais".*

É aquele que demonstra falta de concordância entre a vontade real e a vontade revelada na declaração. Essa falta de concordância é a chave para que se possa avaliar e qualificar o erro.

Sobre a natureza do negócio tem-se o caso daquele que, persuadido, acredita estar assinando um instrumento de mandato, quando está assinando um contrato de compra e venda. Uma coisa nada tem a ver com a outra.

O erro essencial sobre o objeto principal ocorre quando o agente acredita que está comprando uma coisa e verifica que esta não era a que pretendia comprar, como exemplo, a dimensão da área na compra de um terreno, pois tal dimensão atinge diretamente o objeto, afetando seu próprio valor.

A qualidade essencial é intrínseca, vinculada à coisa. Por exemplo: a compra de um CD acreditando tratar-se de produto original, verificando-se, posteriormente, que o CD adquirido era produto pirata.

Outra hipótese de erro essencial é a que diz respeito à "identidade ou qualidade essencial" da pessoa a quem se refira a declaração de vontade, desde que tenha influenciado neste de modo relevante (art. 139, II). É a anulação de casamento que se dá quando ocorre erro

---

[58] MONTEIRO, Washington de Barros. *Curso de direito civil* – Parte geral. São Paulo: Saraiva, 1977. p. 192.

essencial quanto à pessoa do outro, sobre sua identidade, honra e boa fama, entre outros fatores (vide arts.1.556 e seguintes).

Com relação ao inciso III do art. 139, o legislador taxativamente impôs a condição de reconhecimento da existência de erro de direito, quando for este o único ou principal motivo a conduzir a anulação do negócio jurídico. Entretanto, também determinou que essa questão não implique recusa à aplicação da lei. Cite-se, a exemplo, o casamento realizado sob o regime da comunhão de bens, com ausência de pacto antenupcial, por falta de informação e exigência do oficial de registro à luz da Lei 6.515, sendo evidente o erro de direito a justificar a anulação do registro e conceder a sua retificação.

Em se tratando de falso motivo, quando expresso como razão determinante, vicia a declaração de vontade. Silvio Rodrigues, em sua obra, traz um julgado do Tribunal de Justiça de São Paulo (RT/231/189), sendo relator o Professor José Frederico Marques, que bem enfoca a questão relativa ao falso motivo: *"Se a aquisição de um fundo de comércio teve por motivo determinante a perspectiva de boa e numerosa freguesia, garantida e apontada pelo vendedor no próprio contrato, tem-se aí o que se denomina em direito o pressuposto ou razão determinante do negócio. Não se caracterizando aquela perspectiva o contrato é anulável por erro"*.[59] No caso, do ponto de vista da aplicação prática do direito, vendeu-se algo inexistente.

Quando a razão determinante transparecer também com vício de vontade por quaisquer meios interpostos, o negócio jurídico será anulável, da mesma forma que o será a declaração principal, a teor do disposto no art. 141.

Na hipótese de existir erro na indicação da pessoa ou coisa na declaração da vontade, e isto puder ser identificado através de seu contexto e circunstâncias a que ou a quem se refere, o negócio não estará viciado (art. 142).

O erro de cálculo autoriza apenas a retificação de declaração da vontade (art. 143). O erro também não invalida o negócio quando a pessoa a quem é dirigida a manifestação da vontade se oferece para executá-la de acordo com a vontade real do manifestante (art. 144). Nesse caso, não há lesão, nem ofensa.

---

[59] RODRIGUES, Silvio. *Op. cit.* p. 193.

Do Dolo

Dolo é o meio ardiloso, artificioso, que o agente utiliza para realizar um negócio jurídico, induzindo o outro a praticá-lo, com intenção de obter benefício próprio.

O dolo distingue-se do erro, pois neste a parte se engana por si só, enquanto que no dolo é enganada através de meios artificiosos. No dolo, o agente quer o resultado do delito que pratica.

Os negócios jurídicos podem ser anulados por dolo quando este for a sua causa (art. 145). Trata-se de dolo principal, pois somente é passível de anulação quando for a causa determinante do ato.

Para que o dolo seja evidenciado, nesse caso, é necessário que tenha havido artifício; que o artifício tenha sido induzido (com a intenção de enganar); que esse dolo tenha determinado a declaração da vontade e que dele tenha resultado benefício próprio ou dano à outra parte.

Clóvis Beviláqua, sobre o dolo principal, preleciona: *"artifício ou expediente astucioso, empregado para induzir alguém à prática de um ato, que o prejudica, e aproveita ao autor do dolo ou a terceiro. Somente o dolo principal, o que for causa do ato, o que os romanos chamavam* dolus causam dans, *é que torna o ato anulável. A característica do dolo é a intenção de prejudicar"*.[60]

Exemplo de dolo principal é a venda de lotes de terreno por uma empreendedora, demonstrando através de propaganda e maquete que o loteamento era destinado à construção e localizava-se em lugar alto. Após a compra de um lote de terreno, o adquirente verifica que o mesmo não se presta à construção, pois se encontra dentro de um pântano, local baixo que não suportaria as fundações. O dolo, nesse caso, é evidente, já que o comprador foi induzido a realizar o negócio através da propaganda enganosa.

O artigo seguinte, 146, trata do dolo acidental, o que é, atente-se, diferente. Conforme definição do Professor Antonio Chaves, "dolo

[60] BEVILÁQUA, Clóvis. *Op. cit.* p. 273.

acidental, *ou incidente, é aquele que, embora sem ter influenciado decisivamente a vontade, pois, de outro modo o ato se teria praticado, não obsta, no entanto, o consentimento, e, pois, a prática do ato ou negócio, de forma mais onerosa. Pela regra do artigo, o dolo acidental não é anulável pois, na ocorrência desse, apenas obriga à reparação das perdas e danos".*[61]

O silêncio intencional nos negócios jurídicos bilaterais por uma das partes a respeito de um fato ou qualidade que a outra parte haja ignorado, é considerado pelo teor do art. 147 omissão dolosa, provando-se que sem a omissão o negócio não se teria realizado. Caso típico de silêncio intencional são os contratos de adesão, como o de seguro, em que o aderente não tem conhecimento de todas as condições impostas pela seguradora. É comum, nos contratos de seguro de saúde, haver uma cláusula referente a doenças preexistentes, que não vem disposta de maneira clara e objetiva, ocorrendo, muitas vezes, que pessoas aderem a tais contratos, ignorando completamente que a cobertura de despesas médicas não é total. Se tivessem conhecimento das condições, provavelmente não teriam realizado o negócio. De qualquer forma, deve ser provado que o silêncio intencional teria a força de evitar a realização do negócio.

O negócio jurídico também pode ser anulado por dolo de terceiro. Nesse caso, para que o negócio seja anulado, é necessário que a parte a quem aproveita tenha conhecimento, ou deva ter conhecimento ou, ainda, que o fato seja reconhecível. Assim não sendo, o negócio não é anulado, respondendo o terceiro pelas perdas e danos que causou ao ludibriado (art. 148).

Na hipótese de ser o dolo praticado por representante legal de uma das partes, o representado somente será responsável civilmente pela importância de que se aproveitou, isso no caso de ser praticado o ato com dolo de representante convencional (representação outorgada a uma pessoa para realizar negócios em seu nome). O representado responderá solidariamente com o representante por perdas e danos causados, em decorrência da culpa *in negligendo* ou *eligendo* (art. 149). A Parte Especial do Código que trata das Obrigações dispõe no Capítulo VI sobre as Obrigações Solidárias, especialmente o art. 275 e seguintes, onde o legislador estabeleceu as normas que regem esta situação.

---

[61] CHAVES, Antonio. *Dolo* – Enciclopédia Saraiva de Direito. São Paulo: Saraiva, 1977. p. 274.

O derradeiro artigo sobre dolo, art. 150, dispõe que quando o negócio jurídico é realizado com dolo de ambas as partes, nenhuma delas poderá invocá-lo para anular o negócio ou reclamar indenização. O artigo segue o princípio segundo o qual ninguém pode ser ouvido ao alegar a própria torpeza. Diante disso, o negócio assim praticado não é anulável.

Da Coação

Como é sabido, o negócio jurídico tem como escopo a vontade das partes. Quando, para se obter uma declaração de vontade, é empregada uma grave ameaça, trata-se de coação. Esta decorre de uma violência física ou mental. No primeiro caso não se trata de vício de vontade, pois essa é totalmente abatida pelo receio imposto ao coato. Em tal circunstância é considerado nulo o negócio jurídico, pois realizado sob coação física. Já na violência mental, a declaração é efetuada ante grave ameaça, imposta através de intimidação, levando o declarante a expressar uma vontade não desejada. O negócio é, assim, anulável por vício de vontade.

O Desembargador Young da Costa Manso, ao examinar o tema, manifestou-se da seguinte forma: *"Coação é o medo irresistível que vicia o consentimento em virtude de perturbação da mente, ocasionada pela idéia ou sugestão de perigo atual ou iminente à pessoa ou ao patrimônio de quem assim consentiu, definição esta do Relator deste acórdão, inspirado na clássica sentença do jurisconsulto Ulpiano* – metus est instanis vel futuri periculi causa mentis trepidatio ".[62]

O art. 151 traz a regra da anulabilidade do negócio jurídico viciado por coação. Por essa disposição, o temor incutido ao paciente deve ser iminente e considerável à sua pessoa, à sua família, ou aos seus bens.

Desta forma, para anular o negócio, a coação deve ser grave, atual ou iminente. Ensina Caio Mário da Silva Pereira que *"A amea-*

[62] Apelação Cível 201283 – TJSP – RJTJESP 19/120.

ça deve ser séria e injusta, e de tal monta que coloque o paciente numa alternativa entre o mal iminente e o ato extorquido, levando-o a suportar razoavelmente este último em todas as suas conseqüências".[63]

O legislador estendeu aos não familiares a possibilidade de serem o alvo do temor, deixando para o juiz, que se baseará nas circunstâncias, a decisão sobre a ocorrência ou não da coação. (parágrafo único do art. 151).

De acordo com o art. 152, para se apreciar a coação deve-se levar em consideração o sexo, a idade, a condição, a saúde, o temperamento do paciente e todas as demais circunstâncias que possam influir na sua gravidade. Como se pode verificar, os critérios enumerados no artigo não são exaustivos. Compete ao prudente arbítrio do juiz a análise de todas as circunstâncias ocorridas para a caracterização de coação, devendo também ser observada a regra do artigo anterior. A análise há de ser feita em harmonia com todas as circunstâncias pertinentes. Não é uma situação simplesmente alegada, mas devidamente avaliada pelo exame de várias circunstâncias que cercam o ato coativo e as pessoas nele envolvidas.

Por outro lado, não se considera coação a ameaça do exercício normal de um direito, nem o simples temor reverencial a não ser que este venha acompanhado de grave ameaça e repressão (art. 153). Temor reverencial é aquele que advém do respeito. Como define De Plácido e Silva *"é o que resulta do respeito, ou da estima, que se dedica a outrem, de modo a se recear, que se desgoste, ou que se aborreça".*[64]

Assim é que, por exemplo, uma simples ameaça de propositura de ação não é considerada uma coação, pois o temor de ser processado não é suficiente para caracterizá-la. O mesmo ocorre quando o credor acena ao devedor com a possibilidade de levar o título de crédito vencido a protesto. A medida apontada pelo credor é perfeitamente permitida em direito e normal nas transações comerciais. Obviamente, não se trata de coação.

Interessante questão foi abordada no judiciário sobre anulação de casamento, na qual a pretensão foi embasada em coação exercida

---

[63] PEREIRA, Caio Mário da Silva. *Op. cit.* v. 1, p. 311.
[64] SILVA, De Plácido e. *Op. cit.* p. 1.527.

pelo pai para que a filha contraísse matrimônio, impingindo-lhe, entre outras, a ameaça de que se não o consentisse, seria internada em convento e deserdada. Consta do corpo do acórdão da lavra do Desembargador Jaime de Alencar Araripe que após tecer considerações fáticas e doutrinárias sobre a matéria, concluiu: *"Ora, no caso* sub judice, *entremostra-se clara a ocorrência de ameaças, violências e pressão, caracterizando a coação exercida sobre a paciente para forçá-la – como fez – a aceitar um casamento, que livremente não desejaria. Com isso, não resta a menor dúvida, tornou-se viciado o consentimento da promovente, e,* ipso facto, *anulável o malfadado matrimônio – como se vê da jurisprudência dos tribunais, assim exposta: "...o temor reverencial acompanhado de ameaças e violências é capaz de viciar o ato".* (RF, vol. 60, p. 339)..." [65]

Voltando à anulabilidade dos negócios jurídicos praticados por coação, o legislador determinou que, quando

> *"exercida por terceiro, se dela tivesse ou devesse ter conhecimento a parte a que aproveite, e esta responderá solidariamente com aquele por perdas e danos".*

É o que se infere do art. 154.

Dá-se, nesse caso, a responsabilidade solidária. Também aqui se deve mencionar que o Código Civil contém regras sobre essa responsabilidade, destacando os art. 275 e seguintes que tratam da solidariedade passiva, como é a hipótese do art. 154.

De outra forma, quando a coação for praticada por terceiro e não sendo de conhecimento de quem aproveita, o negócio jurídico subsistirá, respondendo tão-somente o autor da coação por todas as perdas e danos causados (art. 155).

Do Estado de Perigo

Eis um ponto muito importante e que merece boa atenção dos operadores do direito.

[65] Apelação *Ex Officio* nº 8.406, Fortaleza, JD 78/54.

Este ordenamento não constava da legislação anterior, vindo a ser incorporado no Código Civil de 2002 no art. 156 e seu parágrafo único. Mesmo não estando prevista a regra no Código anterior, a figura do estado de perigo foi matéria muito discutida pelos tribunais, já que se trata de importante vício de vontade, presente na vida da sociedade moderna.

O estado de perigo ocorre quando alguém, por necessidade de salvaguardar sua pessoa ou a família, realiza negócio jurídico com dano grave conhecido pela outra parte, assumindo uma obrigação onerosa excessiva.

Moacyr de Oliveira, a respeito, ensina: *"Não há no estado de perigo aniquilação da vontade; apenas limitação de sua liberdade"*. E, ainda, *"Quem se obriga ou contrata em estado de necessidade, sob risco de vida, liberdade, reputação, crédito abalado, lança-se ao extremo sacrifício, arruinando-se financeiramente, e faz-se presa fácil da cupidez humana"*.[66]

A onerosidade excessiva é determinante para caracterizar o vício do negócio jurídico realizado em estado de perigo, além de outros elementos subjetivos e objetivos que o caracterizam. Conforme Nelson Nery Júnior e Rosa Maria de Andrade Nery, são elementos caracterizadores do estado de perigo para invalidar o negócio jurídico: *"I) elementos objetivos: a) a ameaça de grave dano à própria pessoa ou a pessoa de sua família; b) a atualidade do dano; c) onerosidade excessiva da obrigação; e II) elementos subjetivos: d) a crença do declarante de que realmente se encontra em estado de perigo; e) o conhecimento do perigo pela outra parte"*. [67]

O caso mais comum, para exemplificar a ocorrência do estado de perigo, é o que acontece quando uma pessoa, ao socorrer um familiar (mãe, pai etc.) que necessita de atendimento hospitalar urgente, assina nota promissória ou emite cheque para garantir o atendimento, em quantia exorbitante ao serviço a ser prestado e que, além disso, não teria a mínima condição de saldá-la.

---

[66] OLIVEIRA, Moacyr. *Estado de perigo* – Enciclopédia Saraiva de Direito. São Paulo: Saraiva, 1977. v. 33, p. 504 e 506.

[67] NERY JÚNIOR, Nelson; NERY, Rosa Maria de Andrade. *Novo Código Civil e legislação extravagante anotados* – Código de Processo Civil comentado e legislação processual civil extravagante em vigor. São Paulo: Revista dos Tribunais, 2002. p. 74.

Ainda sobre o tema, Moacyr de Oliveira dá exemplos significativos de negócios jurídicos que são anuláveis por terem sido realizados em estado de perigo: *"É o pai que, tendo o filho seqüestrado, assegura promessa de recompensa de importância vultosa que o levará à insolvência. Ou a vítima de acidente grave, que para não sucumbir com a família em local sem recursos, firma por meios indiretos contratos de mútuo, transporte, depósito, empreitada, assistência médica e hospitalar, sem possibilidade de saldar pontualmente os títulos cambiais"*.

O parágrafo único do art. 156, da mesma forma como o que consta do parágrafo único do art. 154 que trata da coação, estende o estado de perigo inclusive envolvendo pessoas não pertencentes à família, devendo o juiz, ao decidir, observar as circunstâncias que envolvem o caso.

A inclusão de pessoas não pertencentes à família justifica-se, pois a solidariedade fraternal é um apanágio das pessoas de boa formação.

Da Lesão

A lesão, outro dos vícios de vontade que caracteriza a anulação dos negócios jurídicos, como o estado de perigo, também não constava da legislação anterior. O legislador introduziu a lesão nos defeitos dos negócios jurídicos no atual Código Civil, art. 157 e seus parágrafos.

A lesão é o prejuízo sofrido pela parte que assumiu prestação não equivalente com a contraprestação, por preemente necessidade ou por inexperiência.

O legislador, ao dispor a lesão como vício de vontade, manteve o princípio no qual está sustentado todo o Código que é o do equilíbrio, rechaçando, assim, a desigualdade na posição das partes.

Os valores que servirem para a verificação da desproporção devem ser aqueles vigentes à época da realização do negócio e não no momento atual.

Assim, para que a lesão seja caracterizada e o negócio seja passível de anulação, é necessário constatar desproporcionalidade entre a prestação e a contraprestação; comprovar que o negócio fora realizado por necessidade preemente ou inexperiência, não sendo condição o conhecimento desse fato pela outra parte; e considerar os valores vigentes à época da celebração do negócio.

No Código Civil, na parte que rege os contratos, também cuidou o legislador de editar regra sobre a desproporção da prestação e contraprestação por valores atuais e não os vigentes à época da celebração do contrato, o que tem origem na "Teoria da Imprevisão". Ao dispor sobre a onerosidade excessiva, no art. 478, declara que

> *"Nos contratos de execução continuada ou diferida, se a prestação de uma das partes se tornar excessivamente onerosa, com extrema vantagem para a outra, em virtude de acontecimentos extraordinários e imprevisíveis, poderá o devedor pedir a resolução do contrato. Os efeitos da sentença que a decretar retroagirão à data da citação".*

Todavia, o negócio jurídico não será anulado se houver complementação da contraprestação ou se houver concordância da parte favorecida em diminuir seu proveito, restabelecendo, assim, o equilíbrio.

Da Fraude contra Credores

A fraude contra credores ocorre quando o devedor pratica certos negócios já em estado de insolvência ou que o levam à insolvência, lesando, assim, os direitos do credor. Na prática, o devedor escamoteia seus bens, fugindo ao cumprimento de suas obrigações e, assim, prejudicando os credores.

O art. 158 e parágrafos trata do negócio realizado pelo devedor, através de transmissão gratuita de seus bens ou remissão de dívida que o torna insolvente, prejudicando seus credores. Entende-se por transmissão gratuita os negócios realizados sem qualquer contraprestação, como a doação e, por remissão, o perdão da dívida, a renúncia da dívida.

Tais negócios – a transmissão gratuita ou remissão da dívida – são passíveis de anulação se realizados pelo devedor após a contratação da dívida com o credor. O crédito, portanto, deve ser anterior ao ato de disposição dos bens.

Nessa matéria, outra questão de relevância é a de que para a anulabilidade do negócio realizado gratuitamente ou para a remissão de dívida, não é necessário que o devedor ou o beneficiário do negócio tenham conhecimento de que o ato de transmissão levaria o devedor à insolvência.

Para Washington de Barros Monteiro, a fraude pode se dar mesmo que não seja premeditada, quando assevera "*Não se requer prova de qualquer outro requisito. Não se exige assim que o devedor tenha tido intenção de prejudicar credores, nem que os beneficiários estejam inteirados da insolvência. Contenta-se a lei tão-somente, insista-se, com a prática do ato em estado de insolvência; ou, então, que o ato haja reduzido o devedor a esse estado, o qual se caracteriza quando a soma do ativo do devedor é inferior à do passivo*".[68]

O art. 158 estabelece que as transmissões gratuitas ensejadoras de fraude a credores podem ser anuladas e requeridas pelos credores quirografários. Entende-se por credores quirografários aqueles que são detentores de direitos sobre dívidas contraídas pelo devedor e que sobre elas não tenha recaído garantia real de bem imóvel ou móvel, como a hipoteca.

A ação para anular os negócios jurídicos dessa natureza é a denominada revocatória ou pauliana e há de ser requerida pelos credores quirografários. Os embargos de terceiro não são a ação própria para o exame de fraude contra credores, conforme entendimento da doutrina e jurisprudência, ressaltando a Súmula 195 do Superior Tribunal de Justiça: "*Em embargos de terceiro não se anula ato jurídico, por fraude contra credores*".

Assim, para a comprovação da fraude contra credores, faz-se necessário: a comprovação de insolvência do devedor; que a transmissão tenha ocorrido posteriormente à dívida assumida pelo devedor; que a dívida tenha sido contraída sem garantia real, e que a ação pauliana seja proposta pelo credor quirografário.

---

[68] MONTEIRO, Washington de Barros. *Curso de direito civil* – Parte geral. São Paulo: Saraiva, 1977. p. 224.

Quanto aos contratos onerosos, o art. 159 dispõe que também esses são passíveis de anulação, desde que a insolvência do devedor seja notória, ou que haja motivo para ser conhecida do outro contratante.

Exige a lei a notoriedade da insolvência, quer dizer, deve ser ela de conhecimento de todos, ou presumida, no caso de haver motivo para que ela seja conhecida, como trata a segunda hipótese do art. 159. A presunção de insolvência e de fraude contra credores evidenciam-se quando os negociantes são parentes ou amigos íntimos, ou, também, quando o preço ou condições da venda não condizem com aqueles praticados pelo mercado, fatos que são reveladores da péssima situação financeira do vendedor.

"É preciso considerar que a notoriedade do fato não há de significar conhecimento amplo, de toda a população, basta que seja conhecido do mundo particular em que giram as finanças" é o que diz o Ministro Néri da Silveira.[69]

Com tal ensinamento, a notoriedade é demonstrada através de protestos, cobranças, ações judiciais, publicações, entre outros.

Na hipótese de o adquirente dos bens do devedor insolvente ainda não ter pago o preço, e sendo esse aproximado ao valor real dos bens, ou seja, valor justo, para não sofrer as conseqüências do não pagamento e ficar desobrigado, deverá depositar em juízo a quantia devida, devendo, para tanto, serem citados todos os interessados. É a regra do art. 160. Sendo inferior o valor negociado, para que o adquirente possa conservar os bens e ver confirmado o negócio, terá de depositar a quantia equivalente ao real valor dos mesmos (parágrafo único do art. 160).

Nos casos da fraude contra credores referidos nos arts. 158 e 159, a ação poderá ser proposta contra o devedor insolvente, contra a pessoa com quem foi celebrado o negócio considerado fraudulento, ou terceiros adquirentes que tenham agido com má-fé (art. 161).

Disposição taxativa é a do art. 162 que impõe: o credor quirografário que receber do devedor insolvente o pagamento da dívida ainda não vencida *"ficará obrigado a repor, em proveito do acervo sobre que se tenha de efetuar o concurso de credores, aquilo que recebeu"*. A norma diz respeito ao pagamento da dívida não vencida, já que para a dívida vencida

---

[69] Recurso Extraordinário 100850 – Primeira Turma do Supremo Tribunal Federal.

o dever é legal. Ensina também Washington de Barros Monteiro que "*Todos os credores quirografários devem permanecer no mesmo pé de igualdade; se um deles é pago antecipadamente, vem a ser beneficiado, em detrimento dos demais. Restabelece-se o justo equilíbrio, obrigando-se o favorecido a restituir ao acervo o que extemporaneamente embolsou, a fim de que, em concurso creditório, receba o que for de direito*".[70]

O legislador ainda instituiu que, dando o devedor insolvente garantia de dívida a um dos credores em detrimento dos demais, presume-se fraudatório o ato (art. 163).

Assim é que, provada a insolvência do devedor e tendo ele constituído, como exemplo, a hipoteca, em benefício de algum credor, desfavorecendo os demais, há presunção legal de fraude. Todavia, deve-se levar em conta quanto ao credor beneficiado com a garantia e se for anulado o ato, cujo objeto era unicamente o de atribuir direitos de preferência, através de hipoteca, penhor ou anticrese, a invalidade só importará no que se refere à preferência, voltando o credor a sua posição de *credor quirografário*, competindo em igualdade com os demais credores, consoante o disposto no parágrafo único do art. 165.

Por outro lado, presumem-se de boa-fé e são considerados válidos os negócios indispensáveis à manutenção de estabelecimento mercantil, rural ou industrial, ou à subsistência do devedor e de sua família. O princípio aqui é assegurar o funcionamento normal da empresa, não agravando ainda mais sua situação.

Nos negócios jurídicos anulados por fraude, a vantagem advinda será revertida em proveito do acervo sobre que se tenha de efetuar o concurso de credores (art. 165). Isto é, não voltam ao patrimônio do devedor insolvente e sim vão para o acervo de bens a fim de que se instaure o concurso de credores.

O prazo para pleitear a anulação do negócio jurídico realizado por coação, erro, dolo, fraude contra credores, estado de perigo ou lesão, decai em quatro anos a contar, no caso de coação, do dia em que ela cessar e nos demais casos, do dia em que se realizou o negócio (vide art. 178, I e II).

[70] MONTEIRO, Washington de Barros. *Curso de direito civil* – Parte geral. São Paulo: Saraiva, 1977. p. 226.

19

Da Invalidade do Negócio Jurídico

Considerações

Os negócios jurídicos, quando desatendem a norma expressa em lei, são considerados nulos, não produzindo qualquer eficácia. Essa nulidade é absoluta.

O art. 166 relaciona os negócios jurídicos nulos quando:

"I. celebrado por pessoa absolutamente incapaz;
II. for ilícito, impossível ou indeterminável o seu objeto;
III. o motivo determinante, comum a ambas as partes, for ilícito;
IV. não revestir a forma prescrita em lei;
V. for preterida alguma solenidade que a lei considere essencial para a sua validade;
VI. tiver por objetivo fraudar lei imperativa;

> *VII. a lei taxativamente o declarar nulo, ou proibir-lhe a prática, sem cominar sanção."*

Como já foi dito, os atos praticados pessoalmente por pessoa absolutamente incapaz são considerados nulos. O art. 104, já comentado, dispõe que a validade dos negócios jurídicos requer agente capaz, objeto lícito e forma prescrita em lei. Logo, o negócio jurídico realizado por agente incapaz, não terá eficácia, sendo considerado nulo.

De igual forma, o objeto deve ser lícito para que produza efeito. Não sendo observada a regra, o negócio jurídico é nulo. Interessante questão sobre o tema são as dívidas de jogo que, por ser proibido torna nulos os contratos com tal abordagem. A este resp*eito, é interessante a decisão do Desembargador Torres de Carvalho: "As apostas e jogos proibidos não vinculam, porque o contrato é nulo (art. 145, II). Daí inexistir proteção legal a favor do vitorioso em jogo proibido, para exigir a entrega da aposta ou do prêmio. Esse defeito, como doutrina Pontes de Miranda, não admite validação ou sanação, ensejando, até mesmo, a decretação de ofício, da nulidade (Tratado, vol. VI, parágrafo 366)".*[71] O art. 145 mencionado na decisão refere-se ao Código anterior, sendo o preceito estabelecido no art. 166 do atual Código Civil.

O inciso III do art. 166 trata do motivo determinante, comum a ambas as partes que, sendo ilícito, tem como conseqüência a nulidade do negócio. "*No direito, os motivos, sejam jurídicos ou de fato, são causas determinantes de atos e ações*", conforme De Plácido e Silva.[72] O negócio em que se prevê o pagamento de órgão do cargo humano para fins de transplante exemplifica a questão. Tal prática é vedada por lei, sendo possível apenas nos casos que a lei determinar e desde que gratuitamente (art. 9º da Lei 9.434/1997, alterado pela Lei 10.211/2001), o que torna o negócio nulo em face do motivo determinante.

Os negócios jurídicos devem estar revestidos da forma prescrita em lei sem o que serão nulos, como consta do número IV do art. 166.

Também deve ser nulo o negócio no qual foi preterida alguma solenidade que a lei considere essencial (número V do art. 166).

---

[71] Apelação Cível 180696 – RJTJESP 10/199.

[72] SILVA, De Plácido e. *Op. cit.* p. 1.040.

Assim é que determinados negócios devem obedecer a solenidades impostas pela lei, como a presença de pelo menos duas testemunhas na realização do casamento (vide art. 1.534 do Código Civil).

Na hipótese de ser o objetivo do negócio jurídico fraudar lei imperativa, ou quando a lei taxativamente o declarar nulo, ou proibir-lhe a prática, sem cominar sanção, tais atos são nulos (VII do art. 166). O casado, por exemplo, não pode se casar novamente, a menos que já tenha se divorciado.

Simulação

A simulação é regra nova no capítulo da invalidade dos atos, considerando a atual legislação como nulo o negócio jurídico simulado. Na lei anterior o regime era da anulabilidade.

A simulação na definição de Clóvis Beviláqua *"é uma declaração enganosa de vontade, visando produzir efeito diverso do ostensivamente indicado"*.[73]

Na simulação, as partes demonstram uma aparência que não é a real, no intuito de ludibriar outrem, como diz Silvio Rodrigues, *"fingem um negócio que na realidade não desejam"* e, ainda, como exemplo mais comum, *"a venda de preço inferior ao efetivamente ajustado, com o intuito de burlar o Fisco"*.[74]

O art. 167 dispõe que *"é nulo o negócio jurídico simulado, mas subsistirá o que se dissimulou, se válido for na substância e na forma"*.

O § 1º desse artigo determina que

> *§ 1º – Haverá simulação nos negócios jurídicos quando:*
>
> *I. aparentarem conferir ou transmitir direitos a pessoas diversas daquelas às quais realmente se conferem, ou transmitem;*

[73] BEVILÁQUA, Clóvis. *Op. cit.* p. 187.
[74] RODRIGUES, Silvio. *Op. cit.* p. 294 e 295.

Neste caso a simulação ocorre, a exemplo, quando é efetuada uma venda de ascendente para um descendente sem o consentimento dos outros descendentes e, para burlar o ato, a venda é feita em nome de outra pessoa.

O negócio jurídico que contiver declaração, confissão, condição ou cláusula não verdadeira também é considerado negócio simulado e, assim sendo, considerado nulo (inciso II), bem como os instrumentos antedatados ou pós-datados (inciso III).

De outro lado, o legislador, nos negócios simulados, ressalvou os direitos aos terceiros de boa-fé (§ 2º do art. 167).

Disposições Gerais sobre Negócios Jurídicos Nulos e Anuláveis

Pode argüir a nulidade dos negócios jurídicos, qualquer interessado ou o Ministério Público quando lhe couber intervir, devendo esta ser pronunciada pelo juiz quando se verificar a existência de alguma nulidade no negócio, não sendo permitido pela lei que a supra, mesmo quando requerida pelas partes. É o que está disposto no art. 168 e seu parágrafo único.

A lei, ao conferir a qualquer interessado a titularidade para argüir nulidade, refere-se a qualquer pessoa que tenha interesse em pleitear a desconstituição do negócio, independente de ter tido prejuízo. O Ministério Público também tem legitimidade para argüir a nulidade, nos casos em que lhe cabe intervir.

O juiz, quando estiver devidamente provado que o negócio jurídico é nulo, independentemente de representação da parte, deve declarar a nulidade.

Caio Mário da Silva Pereira, sobre o tema, prelecionou: *"Na construção da teoria da* nulidade, *desprezou o legislador brasileiro o critério de prejuízo, abandonando o princípio que o velho direito francês enunciava –* pas de nullité sans grief. *Inspirou-se, ao revés, no princípio do respeito à ordem pública, assentando as regras definidoras da nulidade na infração de leis que têm este caráter, e, por essa razão, legitimou, para argüi-la, qualquer interessado, em seu próprio nome, ou o representante do Ministério Público em nome da sociedade que* ex officio *representa. E mais longe foi, ainda, na recusa de efeitos, determinando a sua declaração por via indireta, de vez que, sem a propositura de ação cujo objetivo seja o seu decreto, deve o juiz pronunciá-lo quando tiver oportunidade de tomar conhecimento do ato ou de seus efeitos".* [75]

Dispõe o art. 169

> *"O negócio jurídico nulo não é suscetível de confirmação, nem convalesce pelo decurso do tempo",*

pois, nulo sendo considerado, não gera nenhum efeito.

Todavia, o legislador dispõe no art. 170 que, se

> *"o negócio jurídico nulo contiver os requisitos de outro, subsistirá este quando o fim a que visavam as partes permitir supor que teriam querido, se houvessem previsto a nulidade".*

E mais, no art. 171, que além dos casos expressamente declarados na lei, é anulável, e não nulo, o negócio jurídico realizado por agente relativamente incapaz ou por vício resultante de erro, dolo, coação, estado de perigo, lesão ou fraude contra credores (incisos I e II), todas essas figuras já comentadas anteriormente.

Quando não ferirem direitos de terceiros, os negócios jurídicos anuláveis podem ser confirmados pelas partes (art. 172). Com a confirmação das partes o negócio passa a ser válido, conforme afirmam Nelson Nery Junior e Rosa Maria de Andrade Nery: *"o instituto da* confirmação do negócio jurídico anulável *(ou conversão, ou convalidação, ou sanação) tem por objetivo aproveitar o negócio jurídico inválido (anulável), conservando o que quiseram as partes quando o celebraram. Pela confirmação integra-se o negócio jurídico, dando-se validade àquilo que as partes teriam contratado, se pudessem prever a anulabilidade. Dá-se a substituição de um negócio (anulável) por outro (confirmado ou sucedâneo)".* O ato viciado

[75] PEREIRA, Caio Mário da Silva. *Op. cit.* p. 549.

transita para a classe dos atos válidos (Manoel Augusto Vieira Neto, Ineficácia e convalidação do ato jurídico, n. 28, p. 133).[76]

Para tanto, conforme preceitua o art. 173,

> *"O ato de confirmação deve conter a substância do negócio celebrado e a vontade expressa de mantê-lo".*

Apesar da disposição do art. 173 de que a confirmação deve ser expressa para manter o negócio, existe a possibilidade dada pelo art. 174, em que a confirmação também pode ser tácita ao dispor que é escusada a confirmação expressa, quando o negócio já foi cumprido em parte pelo devedor, ciente do vício que o inquinava. Caso exemplificativo de confirmação tácita foi julgado pelo Tribunal de Justiça de São Paulo, sendo relator o Desembargador Carmo Pinto, do qual consta do acórdão: "*Ainda que se alegasse que o procurador do Espólio de M.N. não tinha poderes expressos para se comprometer a vender aquelas terras,* mais de quatorze anos, *os herdeiros retificaram* tacitamente, *a transação celebrada*".[77]

Nas hipóteses previstas nos arts. 172 a 174, que tratam da confirmação expressa e tácita do negócio jurídico anulável, "importam em renúncia de todas as ações, ou exceções de que contra ele dispusesse o devedor" (art. 175).

A legislação determina que para certos negócios serem validados, é necessária a autorização de terceiro, conforme estatuído no art. 220. A exemplo, a alienação de bens não pode ser realizada sem a anuência do cônjuge, salvo se casados com absoluta separação de bens (art. 1.647). Assim, quando o negócio é realizado sem essa observância, tem-se a anulabilidade do mesmo, podendo, todavia, ser validado se a autorização do terceiro se der posteriormente (art. 176).

A nulidade pode ser decretada de ofício enquanto o negócio anulável não. Este só produz efeito após declarado por sentença e atinge somente aqueles que a alegaram, salvo casos de solidariedade ou indivisibilidade (art. 177). A ação anulatória do negócio só pode ser alegada pelos interessados.

---

[76] NERY JÚNIOR, Nelson; NERY, Rosa Maria de Andrade. *Op. cit.* p. 84.

[77] Apelação Cível 186302 – RJTJESP 14/68.

Orlando Gomes ensina que *"a ineficácia do ato anulável é diferida para o momento em que o juiz, à instância da parte prejudicada, o rescinde. Como sua invalidade depende da vontade do interessado, que pode renunciar à faculdade de promover a anulação, o juiz não tem o poder de pronunciá-la* ex officio. *Também não pode ser alegada por pessoa que, embora interessada nos efeitos do negócio, não é entretanto, aquela em favor da qual foi ditada a proteção. Nesse sentido, diz-se que a nulidade é respectiva, porque diz respeito, unicamente, àquela em cujo interesse foi instituída. Somente ele ou seu representante legal é parte legítima para obter a anulação"*.[78]

E Caio Mário da Silva Pereira, em idêntica lição, ensina que *"a anulabilidade, por ser de interesse privado, não pode ser pronunciada senão a pedido da pessoa atingida e a sentença produz* efeitos ex nunc*"*.[79]

Assim é que não pode, a exemplo, o filho propor ação anulatória contra sua mãe, que ainda está viva, sob alegação de ter ela realizado venda de imóvel por indução e erro, por faltar-lhe legitimidade. O Desembargador Cezar Peluso, do Tribunal de Justiça de São Paulo, hoje Ministro do STJ, julgou caso símile da seguinte forma: *"Vivo o titular do patrimônio, nem há ainda, na rigorosa acepção da palavra, herança! Os filhos têm apenas interesse fático, que, irrelevante para o ordenamento jurídico, lhes advém da simples esperança de virem a herdar, algum dia. Logo, não sendo alcançados, em sua esfera jurídica, pela pretensa eficácia da venda, que, provada a incapacidade absoluta do vendedor, seria nula, carecem de legitimidade* ad causam, *para argüir a nulidade. Interessados não são"*.[80]

O prazo para pleitear a anulação dos negócios jurídicos é de quatro anos, prazo esse de decadência contado:

a. a partir do dia em que cessar a coação;
b. do dia em que se realizou o negócio para os atos ocorridos com erro, dolo, fraude contra credores, estado de perigo ou lesão;
c. do dia em que cessar a incapacidade para os incapazes (art. 178, I, II e III).

---

[78] GOMES, Orlando. *Curso de direito civil* – Introdução ao direito civil. 7. ed. Rio de Janeiro: Forense, 1998. p. 405

[79] PEREIRA, Caio Mário da Silva. *Op. cit.* p. 553.

[80] RJTJESP – Lex, vol. 105/18.

Todavia, não estabelecendo a lei prazo especial para pleitear a anulação, de acordo com art. 179, o prazo será de dois anos da data da conclusão do ato.

Exemplo disso é a hipótese prevista pelo art. 117, comentado anteriormente, para ação anulatória de contrato consigo mesmo, realizado sem qualquer autorização, seja legal ou contratual. Também o Código Civil determina o prazo de 1 ano para anular a partilha (vide art. 2.027).

O art. 180 diz respeito ao menor relativamente incapaz, entre dezesseis e dezoito anos, que dolosamente oculta tal condição, declarando-se maior à outra parte, não podendo se valer dessa condição para eximir-se da responsabilidade assumida. Equipara-se, assim, ao maior quanto às obrigações decorrentes do negócio praticado, não sendo em tal circunstância declarado o negócio nulo.

De qualquer forma deve-se anotar que, quando isso ocorre, a obrigação resultante do negócio não exclui a responsabilidade solidária dos pais.

No caso do incapaz, se a obrigação for anulada, aquele que pagou somente poderá reclamar se provar que o valor pago reverteu em proveito do próprio incapaz (art. 181).

Com a declaração por sentença de nulidade do negócio, seu principal efeito é a recondução das partes ao estado anterior e, no dizer de Pontes de Miranda, *"apagam-se, como se não tivessem sido (eficácia* ex tunc*), os efeitos anteriores"*.[81] Quando não for possível, a questão fica resolvida através de indenização (art. 182). Se o inquilino compra o imóvel de seu locador e tal contrato é anulado por vício, esse locatário, de proprietário que se tornou, volta a ser inquilino, permanecendo, assim, na mesma situação anterior de locatário.

No caso de ser o instrumento inválido, isso não tem como conseqüência a invalidade do negócio jurídico, sempre que este, conforme art. 183,

"puder provar-se por outro meio".

---

[81] MIRANDA, Francisco Cavalcanti Pontes de. *Tratado de direito privado*. 3. ed. Rio de Janeiro: Borsoi, 1971. v. IV/35.

A invalidade parcial de um negócio jurídico, uma vez respeitada a intenção das partes, não o prejudicará na parte válida, se esta for separável (art. 184, 1ª parte). Já a invalidade da obrigação principal implica a das obrigações acessórias, uma vez que o acessório segue o principal, mas a invalidade das obrigações acessórias, por sua vez, não induz a da obrigação principal, que persiste, obviamente (2ª parte do art. 184).

20

Dos Atos Jurídicos Lícitos

Conceito

Ato lícito é aquele que tem como finalidade, através da manifestação de vontade, criar, extinguir ou modificar uma relação de direito. O ato deve ser amparado pela lei.

É princípio fundamental de todo o nosso sistema legal a proteção dos atos lícitos. San Thiago Dantas, citado por Enio Zuliani, com muita propriedade afirma que se deve: "*proteger o lícito e reprimir o ilícito*".[82]

O legislador civil determinou que as mesmas regras dos negócios jurídicos deverão ser aplicadas aos atos jurídicos, no que couber (art. 185). Assim, todas as disposições do Título I – "*Dos negócios jurídicos*" – no que couberem, aplicar-se-ão aos atos jurídicos.

[82] ZULIANI, Ênio. Novo Código Civil – Aspectos Relevantes. *Revista do Advogado*, São Paulo, n. 68, p. 45 p.I/34, dez. 2002.

21

Dos Atos Ilícitos

Considerações

As pessoas, por viverem em sociedade, necessitam de um ordenamento jurídico para que seus interesses sejam protegidos. Esse ordenamento cria deveres jurídicos que, quando são desrespeitados, ofendidos, geram para o lesado o direito de ação e, para o lesador do direito, a responsabilidade.

Para o ressarcimento do dano na responsabilidade civil, é necessário que seja verificada a existência do prejuízo, culpa e nexo.

Para Carvalho dos Santos *"Essencial, para haver a responsabilidade civil, não é somente a imputabilidade; é preciso também que o fato seja culposo, isto é, contrário ao direito"*.[83]

Existem regras sobre a responsabilidade em todo o Código Civil, além da contida da Parte Geral, art. 186. Veja-se como exemplos, na parte especial, o art. 389 em que, não cumprida uma obrigação,

[83] SANTOS, João Manoel de Carvalho. *Código Civil brasileiro interpretado.* Rio de Janeiro: Freitas Bastos, 1953. v. 3, p. 321, n. 7.

responde o devedor por perdas e danos; o art. 927 que obriga aquele que, por ato ilícito, causar dano a outrem, a repará-lo; o art. 43, que trata da responsabilidade civil das pessoas jurídicas e o art. 50, sobre a desconsideração da personalidade jurídica.

O art. 953 do Código Civil impõe ao infrator o dever de reparar o dano ao ofendido por injúria, difamação ou calúnia, devendo acrescer que

> *"Se o ofendido não puder provar prejuízo material, caberá ao juiz, fixar, eqüitativamente, o valor da indenização (...)".*

Assim, aquele que por meio de uma ação, ou mesmo omissão, de forma voluntária, negligente ou imprudente e, com tal ato, causar prejuízo a terceiros, mesmo que somente moral, comete ato ilícito (art. 186).

Sobre dolo, que é a forma voluntária de cometimento de um ato ilícito, e culpa, que ocorre involuntariamente pelo agente através da negligência, imprudência ou imperícia, retomem-se às definições já mencionadas no título Responsabilidade Civil das Pessoas Jurídicas de Direito Público Interno.

O dano decorrente do ato praticado pode ser de ordem moral ou patrimonial. O *dano moral* é aquele que está intimamente ligado à pessoa, que lhe causa dor moral. É o que atinge os seus sentimentos. A separação do dano moral está assegurada na Constituição Federal art. 5º, incisos V e X.

O *dano patrimonial* ou material é o que está ligado diretamente ao patrimônio do ofendido. Por vezes o dano tem caráter somente moral, outras, patrimonial e, em alguns casos, moral e patrimonial concomitantemente.

Os atos mais comuns na vida moderna, que geram a responsabilidade de ressarcimento de dano, são os praticados pelos meios de transportes, decorrentes de acidente de trânsito; nos meios de comunicação escrita e falada; na área médica e no direito autoral.

Exemplificando, é responsável pelo ressarcimento de dano a Municipalidade, quando um veículo cai em buraco na via pública, sobre o qual não havia aviso devidamente sinalizado, provocando danos. Da mesma forma, é responsável o médico que, por negligência (indiferença ou inércia), deixa de dar atendimento ao paciente ou, por imperícia (incompetência ou inexperiência no desempenho da função), causa um dano estético ou de outra natureza.

No mesmo sentido, pode-se ainda mencionar publicações através de meios de comunicação, nas quais são divulgados fatos desonrosos, difamando pessoas notórias. O aproveitamento indevido de obra intelectual, como é o caso da pirataria, provoca dano material e moral, lesando autores e produtores.

Outra questão referente à responsabilidade civil que vem sendo, constantemente, levada aos nossos Tribunais, diz respeito à responsabilidade civil de proprietários de estabelecimentos comerciais que colocam estacionamento à disposição de seus clientes, como ocorre com supermercados e centros de compras. O entendimento jurisprudencial é que o proprietário desses estabelecimentos mantém o estacionamento com intuito de atrair clientela, oferecendo a guarda do veículo para que o cliente possa efetuar suas compras com tranqüilidade. Quando o carro é roubado do local, ou mesmo danificado, verifica-se que o proprietário deixou de exercer vigilância sobre o bem, ocorrendo nesse caso a culpa *in vigilando,* devendo ressarcir o dano que causou ao seu cliente.

Há ainda o caso das pessoas que sofrem abalo de crédito por terem seus nomes indevidamente incluídos em empresas de proteção ao crédito como SPC, SERASA e outros. Muitas vezes, embora não ocasionando um dano material direto, existe o dano moral a ser reparado, diante da falsa imagem de mau pagador que se criou. Às vezes fica-se diante das duas figuras, a do dano moral e do material. Este se dá quando a pessoa deixa, por exemplo, de adquirir um bem, através de compra a prestações, em decorrência da informação errônea sobre sua conduta.

O dano da mesma forma deve ser ressarcido quando um título for protestado e estiver devidamente quitado. O mesmo acontece com a instituição bancária que acolhe cheque falsificado e deve ressarcir o cliente. Aliás, sobre o tema, é de se mencionar a Súmula 28 do Supremo Tribunal Federal que diz: *"O estabelecimento bancário é responsável pelo pagamento de cheque falso ressalvadas as hipóteses de culpa exclusiva ou concorrente do correntista".*

A culpa deve ser demonstrada pela vítima. Em certas circunstâncias, ela pode ser presumida, ficando o responsável pelo ressarcimento do dano com o dever de mostrar sua não culpabilidade no evento. Presume-se culpa do motorista que abalroa a parte traseira de veículo que segue à sua frente, pois aquele que transita atrás deve manter distância de segurança, justamente para evitar uma colisão, o que, aliás, é previsto pelo Código Nacional de Trânsito.

Algumas Decisões dos Tribunais

Sobre a responsabilidade civil, são apresentadas algumas decisões de tribunais que bem enfocam a questão:

Do Supremo Tribunal Federal, relator Ministro Moreira Alves: *"Responde o estabelecimento hospitalar pelos danos sofridos pelo paciente em decorrência da queda, quando ali internado, da qual resultou traumatismo grave, sobretudo se retardadas as providências e socorros médicos para a reparação"*.[84]

Tribunal de Justiça de São Paulo – Indenização – Ato ilícito – Passageiro acidentado por freagem brusca de ônibus.

Trata-se de obrigação contratual de indenizar o dano sofrido, pois o transportador tem a seu cargo a obrigação de conduzir o passageiro, são e salvo, ao lugar de destino. Se essa condição não é cumprida, o transportador é responsável, a menos que tenha sido impedido de cumprir a obrigação, por um caso de força maior".[85]

Tribunal de Justiça do Mato Grosso – Ementa Oficial: *"A expressa referência em jornal ao nome do Magistrado, sem nenhuma relevância jornalística ou mesmo de cunho informativo aos seus leitores, quando feita em reportagem policial e veiculada em jornal com circulação em todo o Estado, caracteriza violação à honra daquele, ensejando-lhe, com isso, pleitear indenização por danos morais contra o seu ofensor na forma do que preceituam os arts. 5º, V e X da CF e 159 do Código Civil"*.[86] (O art. 159 mencionado na ementa, refere-se ao antigo Código, sendo o de número 186 o correspondente ao atual.)

---

[84] REsp 79997, Ac. un. 2ª Turma do STF.

[85] Apelação Cível 165940 – TJSP.

[86] Apelação Cível 17557 – TJMT, in RT 741/357.

Trecho de acórdão do Desembargador Jorge Almeida, Tribunal de Justiça de São Paulo – "Não pelo enfoque do direito à tutela da imagem, mas pelo dano econômico decorrente do ato ilícito, de se apropriar a ré de patrimônio da autora, é que se torna adequada a solução da lide, sob enfoque do art. 159 do Código Civil".[87] Aqui também o art. 159 refere-se ao antigo Código, sendo o art. 186 o correspondente ao vigente.

Abuso de Direito

Quando uma pessoa, ao exercer seu encargo, o faz de maneira excessiva, ultrapassando seu limite, também comete ato ilícito (art. 187). Esta é a figura do abuso de direito que, apesar do ato jurídico ser lícito, ao praticá-lo, existem situações em que fica evidente a intenção de causar prejuízo injustificado, extrapolando os limites que o ato primeiro lhe conferia. Ele é utilizado de modo contrário ao seu fim. Consiste no uso irregular do direito, excessivo e nocivo a outros.

Apesar de não estar previsto o abuso de direito no Código Civil anterior, foi esse instituto acolhido sobremaneira pela doutrina e jurisprudência. Consta de acórdão da lavra do eminente Desembargador Bueno Magno, do Tribunal de Justiça de S. Paulo, nos idos de 1982, o seguinte texto que bem enfoca a questão sobre o entendimento jurisprudencial e doutrinário a respeito do abuso de direito: *"O Código Civil Brasileiro vigente não previu expressamente a figura do abuso de direito, porém é uma realidade tão forte que a jurisprudência não pode negá-lo tal como preconiza a doutrina"* (cf. Orlando Gomes, Direito Privado, p. 380). O projeto Miguel Reale previu-o expressamente, dispondo: *"Também comete ato ilícito o titular de um direito que, ao exercê-lo, excede manifestamente os limites impostos pelo seu fim econômico ou social, pela boa-fé ou pelos bons costumes". Tem sido também admitido em legislação especial – cf. Lei 6.649 de 1979 – art. 36, §§ 2º e 3º, e o legisla-*

[87] Apelação Cível 120469-1 – TJSP, in RJTJESP 127/60.

dor processual o admitiu em relação ao demandante de má-fé – arts. 16 e 17, inc. IV".[88]

Quando se trata de abuso de direito, o legislador procura impor limites para manter o equilíbrio do ordenamento jurídico.

Excludentes de Ato Ilícito

São excludentes de constituição de ato ilícito quando este é praticado em legítima defesa ou no exercício regular de um direito e quando praticado com o intuito de ser removido perigo iminente, com deterioração ou destruição de coisa alheia (art. 188).

Tais atos devem ser analisados de acordo com as circunstâncias em que foram praticados.

Sobre a legítima defesa ensina Orlando Gomes: *"O ato de legítima defesa não é ilícito, apesar de ferir o direito de outrem, porque a sociedade, não podendo evitar ou impedir todas as ações antijurídicas, concede ao indivíduo, em determinadas circunstâncias, a faculdade de autodefesa, para repelir atentado a sua pessoa ou a seus bens. Age em legítima defesa aquele que usando moderadamente dos meios necessários, repele injusta agressão, atual ou iminente, a direito seu ou a de outrem. Não sendo ilícito, a conseqüência seria que não fica obrigado a reparar o dano quem o cause por ter agido em legítima defesa"*.[89]

Deve-se mencionar também que a legítima defesa devidamente provada em ação penal, faz coisa julgada no cível.

Imagine-se que uma pessoa tenha sido baleada por outra, vindo o réu a ser absolvido em processo criminal, em decorrência de ter provado que o crime foi praticado em *legítima defesa*. Essa sentença absolutória faz coisa julgada também na esfera cível, de acordo com o Código de Processo Penal, art. 65:

---

[88] RJTJESP 81/90 – Ac. de 17.8.82.

[89] GOMES, Orlando. *Curso de direito civil* – Introdução ao direito civil. 7. ed. Rio de Janeiro: Forense, 1998. n. 544, p. 492.

> *"Faz coisa julgada no cível a sentença penal que reconhece ter sido o ato praticado em estado de necessidade, em legítima defesa, em estrito cumprimento de dever legal ou no exercício regular de direito".*

Deste modo, não há que se provar a legítima defesa no cível, pois essa já está declarada na ação penal, não existindo, assim, dano a ser reparado, pois não é considerado ato ilícito.

Os atos praticados no *exercício regular de um direito*, desde que não prejudiquem direitos de outros, não constituem ato ilícito. Nelson Nery Junior e Rosa Maria de Andrade Nery, com referência ao exercício regular de direito, assim se manifestaram: *"É a utilização do direito sem invadir a esfera do direito de outrem. É não prejudicar o direito de outrem, independente de causar dano. Só exerce regularmente seu direito aquele que não prejudica direito de outrem".*[90]

Exemplo disso é a inscrição de nomes de devedores em cadastros de órgãos de proteção ao crédito, que são considerados meios idôneos, desde que evidente o inadimplemento, não caracterizando ato ilícito tal prática, pois a empresa credora está agindo no exercício regular de seu direito.

O *perigo iminente* como excludente de ato ilícito é aquele em que o ato é praticado em estado de necessidade. A regra do art. 188, II, diz respeito aos atos que implicam destruição ou deterioração de coisa alheia, ou mesmo uma lesão a pessoa, mas que tenham sido praticados com o fim exclusivo de se evitar um mal maior, um perigo mais grave. Geralmente são praticados para salvar a vida da própria pessoa que o pratica, ou de terceiros.

A situação de estado de necessidade prevista no parágrafo único do art. 188 deve ser analisada de acordo com as regras impostas para a sua caracterização. O perigo deve ser tal que só possa ser evitado diante de uma ação que, embora afetando coisa alheia, o dano seria maior se não houvesse tal ação. Caso haja excesso por parte do agente ao praticar o ato, não se caracteriza mais o estado de necessidade, devendo responder por ele.

---

[90] NERY JÚNIOR, Nelson; NERY, Rosa Maria de Andrade. *Op. cit.* nota 6 do art. 188.

De toda forma, não fica imune o autor do dano da obrigação de repará-lo. Todavia, no caso do inciso II do art. 188, se o dano for causado por culpa de terceiro, de acordo com o art. 930, tem o autor ação regressiva contra o terceiro, para reaver a importância que tiver pago ao lesado e, em conformidade com o parágrafo único

> *"A mesma ação competirá contra aquele em defesa de quem se causou o dano (art. 188, inciso I)".*

22

Da Prescrição

Considerações

Para examinar os artigos que se referem à prescrição e decadência, deve-se preliminarmente demonstrar as diferenças básicas entre esses institutos.

A decadência decorre da perda do direito e tem como objeto o próprio direito, enquanto a prescrição é a perda do direito de ação, tendo como objeto, assim, a pretensão de exigir coercitivamente o cumprimento de um dever jurídico.

Outra diferença entre prescrição e decadência é que no curso de tempo da prescrição podem ocorrer hipóteses interruptivas ou suspensivas, o mesmo não acontecendo com a decadência que flui ininterruptamente, não havendo suspensão ou interrupção.

Critério prático para a distinção entre a prescrição e decadência foi estabelecido por Pereira Braga, cujos conceitos, por oportunos, são reproduzidos a seguir:

"*a. Quanto ao objeto*, porque a prescrição tem por objeto a ação e a decadência tem por objeto o direito.

b. Quanto ao direito, porque a prescrição supõe direito já exercido pelo titular, existente, efetivamente, em ato, mas cujo exercício sofreu obstáculo pela violação de terceiro; a decadência supõe um direito que não foi exercido pelo titular, existente apenas em potência.

c. Quanto à ação, porque a prescrição supõe uma ação, cuja origem seria distinta da origem do direito, tendo, por isto, nascimento posterior ao nascimento do direito; a decadência supõe uma ação cuja origem é idêntica à origem do direito, sendo, por isto, simultâneo o nascimento de ambos.

d. Quanto ao exercício da ação, porque na prescrição o exercício da ação não se confunde com o exercício do direito, de vez que a ação não representaria o meio de que dispõe o titular para exercer o seu direito, e sim o remédio jurídico de que se pode socorrer para remover o obstáculo criado a esse exercício; na decadência o exercício da ação e o exercício do direito se identificam, porque a ação representa um meio de que se deve servir o titular para realizar o efetivo exercício do seu direito.

e. Quanto às conseqüências: a. a decadência corre contra todos, não admitindo a sua suspensão em favor daqueles contra os quais não corre a prescrição; *b.* a decadência tem curso fatal, não se suspendendo nem se interrompendo pelas causas suspensivas ou interruptivas da prescrição, e só podendo ser obstada a sua consumação pelo exercício efetivo do direito ou da ação, quando esta constitui o meio pelo qual deve ser exercido o direito; *c.* a decadência, por extinguir o direito deve ser considerada e julgada pelo juiz independentemente de argüição pelo interessado, não se aplicando a proibição legal do pronunciamento de ofício da prescrição das ações patrimoniais, porque, sendo a função do juiz declarar o direito das partes, não poderá reconhecer e atribuir a estas um direito manifestamente extinto pela decadência.

f. Quanto aos efeitos: *a.* relativamente ao direito, a prescrição não extingue direta e imediatamente o direito, mas sim a ação que o protege, ficando o direito extinto, por via de conseqüência, se não se dispuser de outro meio para fazê-lo valer; a decadência extingue direta e imediatamente o direito e necessariamente a ação; *b.* relativamente à *ação*, a prescrição extingue apenas a ação para cujo exercício foi estabelecida, podendo o direito ser pleiteado por outra ação, se houver, não atingida pela prescrição; a decadência prejudica todas as ações que se fundarem no direito por ela extinto, impedindo de modo absoluto que o seu titular o invoque como fundamento de qualquer pretensão em juízo".[91]

O primeiro artigo do Código Civil que trata da prescrição é o art. 189 que preceitua:

> *"Violado o direito, nasce para o titular a pretensão, a qual se extingue, pela prescrição, nos prazos a que aludem os arts. 205 e 206".*

O seguinte, art. 190, edita que

> *"A exceção prescreve no mesmo prazo em que a pretensão".*

Assim, aquele que se sentir violado em seu direito pode requerer a prestação jurisdicional para reavê-lo e/ou ressarcir-se, devendo, para tanto, observar as regras quanto aos prazos, para seu exercício, aplicando-se o mesmo prazo quanto à exceção.

Renúncia da Prescrição

Pode haver *renúncia da prescrição, expressa ou tácita*, mas que de qualquer forma não prejudique terceiros, após sua consumação. É tácita quando se presume de atos incompatíveis com a prescrição. (art. 191).

A *renúncia expressa* não gera maiores dificuldades, pois se caracteriza por ato voluntário unilateral, através de um documento escrito. Por outro lado, a renúncia *tácita* deve estar revestida dos critérios estatuídos na lei, para que possa ser caracterizada como tal.

[91] BRAGA, Pereira. *Exegese do Código de Processo Civil.* Rio de Janeiro: Max Limonad, 1943. v. 3, t. 1, p. 165-166.

Clóvis Beviláqua, a respeito desse artigo (antigo 161 do Código Civil de 1916), faz a seguinte consideração: *"Renúncia – Entre os modos gerais, por que se extinguem os direitos, destaca-se a renúncia, ato jurídico, pelo qual o titular de um direito dele se despoja... A prescrição pode ser renunciada, mas somente depois de consumada, diz o art. 161. A renúncia pode ser expressa ou tácita. A renúncia tácita resulta das circunstâncias, desde que o interessado pratica atos incompatíveis com a prescrição, como se o devedor paga a dívida prescrita ou entra com o credor em acordo a respeito da solução dela, ou realiza outro ato, que importe o reconhecimento do direito do credor".*[92]

A renúncia é ato de vontade e disposição, sendo exclusivo do titular, ou quem o represente, desde que tenha poderes para tanto.

Outras Regras

Existe uma proibição legal, determinando que os prazos de prescrição não podem ser modificados por acordo das partes (art. 192). Esta é uma norma de ordem pública e, assim sendo, não pode ser alterada pelas partes.

A prescrição pode ser alegada em Juízo pela parte que se sentir prejudicada diante da verificação de ocorrência da prescrição e em qualquer momento do processo (art. 193).

A questão relativa ao momento em que a prescrição pode ser alegada não é uníssona na doutrina e nos Tribunais. Entendem alguns que o processo civil possui fases, como a postulatória, a probatória e a decisória e estas são estanques. Por isso, a prescrição deve ser alegada no momento oportuno. De acordo com essa corrente, a oportunidade é no momento da contestação, de acordo com o estabelecido no Código de Processo Civil, em seu art. 300. Esse entendimento é esposado pelo iminente jurista Pontes de Miranda: *"Na contestação há de ser alegada, se já existe o excepio, porque então seria de ser exercida. Se não o*

[92] BEVILÁQUA, Clóvis. *Op. cit.*

foi, não mais pode ser, porque ou foi interrompida com a citação, ou, se já existia a exceção, não foi exercida".[93]

No entanto, a maioria entende que deve ser observada a regra do art. 193 do Código Civil, segundo o qual a prescrição pode ser alegada em qualquer instância, até porque o Código de Processo Civil de 1973 agasalha tal entendimento, quando estatuiu no art. 303, III, que

> *"depois da contestação, só é lícito deduzir novas alegações, quando:*
>
> *III. por expressa autorização legal, puderem ser formuladas em qualquer tempo e juízo".*

A prescrição há que ser alegada pela parte, não podendo o juiz de ofício declará-la, salvo se for para favorecimento de pessoa absolutamente incapaz. (art. 194). Essa é uma proteção guindada pela lei ao incapaz, por ser de interesse social. Os absolutamente incapazes são as pessoas relacionadas no art. 3º do Código Civil, já comentado. Cumpre aqui mencionar que contra o absolutamente incapaz não corre a prescrição.

Outra norma de proteção da lei é a que os relativamente incapazes e as pessoas jurídicas têm direito de ação contra seus assistentes ou representantes legais, quando estes derem causa à prescrição, acarretando-lhes pela inércia perpetrada, prejuízos (art. 195).

No que tange à prescrição iniciada contra uma pessoa, no caso de seu falecimento, se pessoa física, ou de sua sucessão, se pessoa jurídica, continua correr contra seu sucessor (art. 196).

Das Causas que Impedem ou Suspendem a Prescrição

A suspensão tem o condão de cessar por algum tempo o curso da prescrição. Isto é, a prescrição que está fluindo, por algum motivo determinado

[93] MIRANDA, Francisco Cavalcanti Pontes de. *Tratado de direito privado.* 3. ed. Rio de Janeiro, Borsoi, 1971. tomo IV, § 249, n. 5.

em lei, faz paralisar seu curso, iniciando-se novamente quando suprida a causa suspensiva. O interregno de tempo em que ficou suspensa a prescrição não é computado para verificação da ocorrência do prazo prescricional.

Existem situações em que a prescrição não chega sequer a iniciar-se. O exemplo prático dessa situação é o da prescrição que não corre entre cônjuges. Assim, não se inicia o prazo prescricional na constância do casamento. Terminada a sociedade conjugal, a partir desse momento inicia-se o prazo.

Também não corre a prescrição entre ascendentes e descendentes, entre tutelados e tutores; curatelados e curadores, durante a tutela e curatela (art. 197, I, II, II). Um exemplo clássico: o direito do filho de buscar o reconhecimento de sua paternidade.

A prescrição também não corre contra os incapazes mencionados no art. 3º; contra os ausentes do País em serviço público da União, dos Estados e Municípios e, contra aqueles que se encontram servindo as Forças Armadas em tempo de guerra (art. 198, I, II e III).

Todas essas situações foram contempladas pela legislação civil, pois são específicas para cada caso. Não seria justo que corresse prazo prescricional, por exemplo, entre pais e filhos, entre marido e mulher, para pessoas que estão fora e servindo a pátria.

No que se refere ao incapaz, conforme já foi mencionado, trata-se de uma questão de interesse social. Os absolutamente incapazes por não possuírem capacidade de autodeterminação, não exercem pessoalmente os atos da vida civil, merecendo esta proteção legal: contra ele não corre a prescrição.

Existem situações em que o prazo prescricional fica condicionado a uma questão pendente. Isto é, o fluxo do prazo paralisa-se por algum tempo, voltando a fluir depois de solucionada a pendência. A exemplo, pode-se citar o caso de uma pessoa que interpõe recurso na esfera administrativa referente a uma promoção de cargo de funcionário público, sendo obrigatória sua interposição por força de lei. O tempo em que tramita o aludido recurso não é computado para a prescrição, ficando suspenso tal prazo até a decisão na esfera administrativa, quando volta a fluir normalmente (art. 199).

Outra causa suspensiva da prescrição se dá quando uma ação tiver origem em fato que deve ser apurado no Juízo Criminal, enquanto não houver uma decisão definitiva (art. 200). O tempo em que o processo penal fica tramitando não é computado para a prescrição. Questões comuns a esse respeito são aquelas que se referem a responsabilidade civil decorrentes de atos praticados e puníveis criminalmente, como os acidentes de trânsito. A vítima de um acidente pode esperar o resultado da ação penal movida contra o réu, para posteriormente ingressar com uma ação de reparação de danos, pois está socorrida pela suspensão da prescrição. Deve-se aqui mencionar o art. 935 do Código Civil, segundo o qual a responsabilidade civil é independente da criminal. Não se pode mais questionar sobre o fato ou autoria, quando tais situações já tiverem sido decididas na esfera criminal. Não obstante isso, há casos em que, embora uma pessoa tenha sido absolvida no crime, a decisão não faz coisa julgada no cível. Isto porque no direito penal a culpa do réu deve ser provada acima de tudo e quando há falta de prova ou esta é insuficiente, deve ser absolvido o réu. É o princípio de direito penal *in dubio pro reo* (na dúvida em favor do réu). O mesmo não ocorre no direito civil, pois a culpa nessa esfera do direito pode ser presumida para ensejar a reparação do dano causado. Muitas vezes, o fato imputado ao réu na ação penal não constitui crime, restando sua absolvição. Mas é possível caracterizar a responsabilidade civil, pois o ato praticado pode ser considerado civilmente ilícito (art. 67, III, do Código de Processo Penal).

Quanto à hipótese de credores solidários, suspensa a prescrição em favor de um deles, aos demais esta suspensão somente se aproveitará se a obrigação for indivisível, ou seja, quando a prestação tiver por objeto uma coisa ou fato não suscetível de divisão.

Das Causas que Interrompem a Prescrição

A interrupção é a quebra de continuidade do prazo que estava fluindo, o qual reinicia-se depois por inteiro. O prazo começa de novo, não existindo qualquer ligação com o tempo que já tenha corrido antes da interrupção.

São causas interruptivas da prescrição e só poderão ocorrer por uma vez, conforme o art. 202:

> *"I. por despacho do juiz, mesmo incompetente, que ordenar a citação, se o interessado a promover no prazo e na forma da lei processual".*

Aqui se verifica uma condicionante. O despacho judicial que determina a citação interrompe a prescrição, mas desde que seja promovida a citação regularmente.

Assim, após o despacho deve ser providenciada pelo autor a citação do réu no prazo e forma prescrita pelo Código de Processo Civil. Caso fique o autor inerte, apesar do despacho, ocorre a prescrição, pois não foi efetivada a citação.

Acontece muitas vezes que a citação não se efetiva, apesar de todo o esforço do autor. Diversas questões são levadas aos nossos Tribunais, quando processos ficam paralisados nos cartórios ou existem óbices oriundos da própria estrutura dos serviços judiciários, como exemplo o não cumprimento do mandado de citação pelo oficial de justiça no prazo, deixando assim de se efetivar a citação, sem que tenha o autor contribuído para que isso ocorresse. O entendimento dominante para esses casos é de que não pode ser decretada a prescrição pela falta de citação que teve como origem obstáculo decorrente da própria justiça, e não pela inércia do autor.

Nesse sentido, é a Súmula 106 do Superior Tribunal de Justiça de três de junho de 1994 que edita: *"proposta a ação no prazo fixado para o seu exercício, a demora na citação por motivos inerentes ao mecanismo da justiça, não justifica o acolhimento da argüição de prescrição ou decadência".*

Também o protesto é causa interruptiva da prescrição, como diz o inciso II do art. 202:

> *"II. por protesto, nas condições do inciso antecedente".*

No caso, trata-se do protesto *judicial,* devendo ser obedecidas as mesmas condições referidas no inciso I desse artigo.

Nesse caso, é da jurisprudência o entendimento de que se a ação é precedida de protesto judicial, a prescrição se interrompe na data da citação deste.[94]

O inciso III refere-se ao *protesto cambial* sem nenhuma condição para que seja interrompida a prescrição. O simples protesto cambial é causa interruptiva da prescrição. O código anterior não fazia menção explícita ao protesto cambial, o que gerou inúmeras questões a respeito em nossos Tribunais, decidindo-se que o protesto cambial é causa interruptiva da prescrição, tanto que, como pronunciou-se o Superior Tribunal de Justiça, *"a retardação, sem culpa do promovente, da ordem de comunicação do protesto não lhe afasta o efeito interruptivo da prescrição"*.[95]

A apresentação do título de crédito em juízo de inventário ou concurso de credores (inciso IV) interrompe a prescrição. Assim, se algum credor se habilitar em processo de inventário ou concordata (concurso de credores) para receber seu crédito, tal ato interrompe a prescrição.

O entendimento sobre "título de crédito" mencionado nesse inciso é que não são apenas aqueles emitidos pelo devedor, como cheque ou nota promissória, podendo também o crédito ser escrito pelo credor, como contas médicas, por exemplo.

Essa é a lição de Antonio Luiz da Câmara Leal: *"o título de crédito a que se referiu o legislador não é somente o instrumento emanado do devedor, aliás hipótese mais comum, mas, também, a alegação escrita do crédito emanado do credor, como as contas comerciais, as contas médicas e, em geral, as declarações de crédito que se costuma habilitar em inventário"*.[96]

Outra hipótese de interrupção da prescrição é a que ocorre por qualquer ato judicial que constitua em mora o devedor (inciso V).

A última causa interruptiva da prescrição relacionada no art. 202 (inciso VI), é aquela que ocorre quando, pelo ato do devedor, que pode ser extrajudicial, depreende-se inequivocamente o reconhecimento do direito.

---

[94] REsp 108866, j. 7/4/97 – STJ.

[95] REsp 29334, j. 21/06/93 – STJ.

[96] LEAL, Antonio Luiz da Câmara. *Da prescrição e decadência*. São Paulo: Saraiva, 1978. p. 188.

Decisão do Tribunal de Justiça da Bahia demonstra de forma clara a ocorrência dessa causa de interrupção, ao dispor: *"Se antes de ser chamado a juízo para responder à ação de indenização a seguradora reconhece o direito de o segurado receber o seguro, esse ato, se inequívoco, interrompe a prescrição"*.[97]

Conforme dito acima, interrompida a prescrição, o prazo começa a fluir novamente, por inteiro, e a data do início é do ato que a interrompeu ou do último ato do processo para interrompê-la (parágrafo único art. 202).

A interrupção da prescrição pode ser intentada por qualquer pessoa que tenha legítimo interesse, como é o caso do segurador que, para reembolsar-se do seguro, intenta protesto interruptivo, mesmo antes de sub-rogar-se nos direitos do segurado (art. 203).

No caso de obrigação solidária, invocada a exceção de prescrição por qualquer dos co-devedores solidários, ela aproveita a todos os demais, ainda que sejam revéis.[98]

De acordo com o art. 204

> *"A interrupção da prescrição por um credor não aproveita aos outros; semelhantemente, a interrupção operada contra o co-devedor, ou seu herdeiro, não prejudica aos demais coobrigados".*

Já no caso de credores solidários, a interrupção por um deles aproveita aos outros, assim como a interrupção efetuada contra o devedor solidário envolve os demais e seus herdeiros (§ 1º, art. 204).

A jurisprudência, com arrimo na lição de Câmara Leal, decidiu que *"a interrupção da prescrição contra o litisconsorte necessário obriga aos demais litisconsortes"*, por aplicação analógica do mandamento enunciado no art. 176 do Código Civil (hoje 204 *caput*).[99]

Na hipótese do § 2º do mesmo artigo,

---

[97] Apelação Cível 246/81 – 2º Câmara do TJBA – Relator Desembargador Osmar Carvalho.

[98] Embargos Infrigentes – 185009800 de 27/06/86 – RGS.

[99] RJTJESP 28/60.

"A interrupção operada contra um dos herdeiros do devedor solidário não prejudica os outros herdeiros ou devedores, senão quando se trate de obrigações e direitos indivisíveis".

Por outro lado, o § 3º estabelece que

"A interrupção produzida contra o principal devedor prejudica o fiador".

Dos Prazos da Prescrição

Os prazos prescricionais do atual Código foram consideravelmente diminuídos em relação ao Código anterior. Isto se deve em razão da dinâmica que vive o mundo de hoje. As relações sociais e, portanto, jurídicas, se dão numa enorme velocidade. O legislador, pretendendo acompanhar tal evolução, adequou os prazos, tornando-os mais exíguos.

Todavia, o tema merece maior reflexão, em vista de certas circunstâncias como a que trata da prescrição referente à reparação civil, cuja hipótese ínsita no art. 206, § 3º V, determina o prazo de prescrição em três anos.

Nessa hipótese, em tese, também estaria enquadrado o ato ilícito praticado contra os direitos da personalidade, o que justificaria a propositura de uma ação civil de reparação de danos.

Assim admitido, em sendo o prazo prescricional para a ação somente de três anos, cria-se um paradoxo à espécie, considerando-se que na atual legislação o direito da personalidade foi, sobremaneira, prestigiado, tanto que o legislador reservou todo um capítulo a esse importante direito.

Essa é uma questão polêmica que fatalmente será dirimida pelos nossos Tribunais, tanto quanto a que se refere às violações dos direitos autorais, pois a antiga lei de regência desses direitos (Lei 5.988/1973) previa a prescrição para o ressarcimento de dano patrimonial em cinco anos, aplicando-se a regra do Código Civil para a violação do aspecto moral desse direito em vinte anos. Com o advento da nova Lei de Direitos Autorais, Lei 9.610/1998, esta deixou de fazer qualquer menção sobre prazo de prescrição, restando assim, a aplicação do Código Civil de 1916.

Agora, a atual legislação, generalizando a regra de três anos para a reparação civil, aponta um retrocesso nesse aspecto e não um avanço como ocorreu na maioria dos casos atingidos pela lei nova. Por não constar disposição específica no que se refere aos direitos morais de autor, estariam esses direitos insertos no art. 205, que prevê para os casos não fixados em lei a prescrição em dez anos? Somente a jurisprudência, na medida da ocorrência dos fatos, poderá dirimir a polêmica que está criada.

Tenha-se, porém, em conta, desde já, que a regra geral do art. 205 é a de que

> *"A prescrição ocorre em dez anos, quando a lei não lhe haja fixado prazo menor".*

Assim, quando não existir fixação específica em lei, deve-se aplicar o prazo de dez anos.

Prazos Específicos

A especificidade dos prazos prescricionais do Código Civil consta do art. 206, parágrafos e incisos, estando todos pormenorizadamente relacionados da seguinte forma:

Segundo o art. 206, prescreve:

> *"§ 1º – Em um ano:*
>
> *I. a pretensão dos hospedeiros ou fornecedores de víveres destinados a consumo no próprio estabelecimento, para o pagamento da hospedagem ou dos alimentos;*
>
> *II. a pretensão do segurado contra o segurador, ou a deste contra aquele, contado o prazo:*

a. para o segurado, no caso de seguro de responsabilidade civil, da data em que é citado para responder à ação de indenização proposta pelo terceiro prejudicado, ou da data que a este indeniza, com a anuência do segurador;
b. quanto aos demais seguros, da ciência do fato gerador da pretensão;

III. a pretensão dos tabeliães, auxiliares da justiça, serventuários judiciais, árbitros e peritos, pela percepção de emolumentos, custas e honorários;
IV. a pretensão contra os peritos, pela avaliação dos bens que entraram para a formação do capital de sociedade anônima, contado da publicação da ata da assinatura que aprovar o laudo;
V. a pretensão dos credores não pagos contra os sócios ou acionistas e os liquidantes, contado o prazo da publicação da ata de encerramento da liquidação da sociedade.

§ 2º – Em dois anos, a pretensão para haver prestações alimentares, a partir da data em que se vencerem.
§ 3º – Em três anos:

I. a pretensão relativa a aluguéis de prédios urbanos ou rústicos;
II. a pretensão para receber prestações vencidas de rendas temporárias ou vitalícias;
III. a pretensão para haver juros, dividendos ou qualquer prestações acessórias, pagáveis, em períodos não maiores de um ano, com capitalização ou sem ela;
IV. a pretensão de ressarcimento de enriquecimento sem causa;
V. a pretensão de reparação civil;
VI. a pretensão de restituição dos lucros ou dividendos recebidos de má-fé, correndo o prazo da data em que foi deliberada a distribuição;

VII. a pretensão contra as pessoas em seguida indicadas por violação da lei ou do estatuto, contado o prazo:

a. para os fundadores, da publicação dos atos constitutivos da sociedade anônima;
b. para os administradores, ou fiscais, da apresentação, aos sócios, do balanço referente ao exercício em que a violação tenha sido praticada, ou da reunião ou assembléia geral que dela deva tomar conhecimento;
c. para os liquidantes, da primeira assembléia semestral posterior à violação;

VIII. a pretensão para haver o pagamento de título de crédito, a contar do vencimento, ressalvadas as disposições de lei especial;
IX. a pretensão do beneficiário contra o segurador, e a do terceiro prejudicado, no caso de seguro de responsabilidade civil obrigatório.

§ 4º – Em quatro anos, a pretensão relativa à tutela, a contar da data da aprovação das contas;
§ 5º – Em cinco anos:

I. a pretensão de cobrança de dívidas líquidas constantes de instrumento público ou particular;
II. a pretensão dos profissionais liberais em geral, procuradores judiciais, curadores e professores pelos seus honorários, contado o prazo da cessação dos respectivos contratos ou mandato;
III. a pretensão do vencedor para haver do vendido o que despendeu em juízo".

Não se pode esquecer a existência de muitas leis que ditam regras próprias no que se refere ao prazo de prescrição. Tome-se como exemplo a Lei da Propriedade Industrial, Lei 9.279, de 14 de maio de

1996. Ela preceitua em seu art. 225 que no caso de reparação do dano causado a propriedade industrial, o direito de ação prescreve em cinco anos. Assim, nos casos em que se discute o dano referente à propriedade industrial, deve-se observar a regra contida em sua lei específica. Da mesma forma, o Código de Defesa do Consumidor determina no art. 27 que a prescrição é de cinco anos para ação de reparação de danos causados por defeitos do produto ou serviço.

Tendo em vista que o Código relacionou os prazos de maneira concreta, taxativa e incisiva, é desnecessário tecer maiores considerações a respeito.

Todavia, existe ainda uma questão sobre a contagem dos prazos prescricionais que deve ser salientada. Imagine-se que um prazo de prescrição já estivesse fluindo quando do advento do Código Civil que entrou em vigor a 12 de janeiro de 2003, e que a lei antiga (Código de 1916) previa prazo maior de prescrição em relação à lei nova. Para diminuir essa questão, nas Disposições Finais e Transitórias do Código, o legislador ditou a regra constante do art. 2.028, segundo a qual, em tais situações deve ser considerado o prazo da lei antiga, desde que tenha transcorrido mais da metade do tempo previsto naquela quando da entrada em vigor da lei nova.

23

Da Decadência

Considerações

Conforme já se teve oportunidade de observar quando se apontou a diferença entre prescrição e decadência, esta é a perda do direito, sendo portanto, o direito que perece, que se extingue.

O Código Civil traz nos arts. 207 ao 211 as regras que devem ser observadas referentes à decadência.

A primeira, disposta no art. 207, estabelece como regra geral que a decadência não é agasalhada pela suspensão ou interrupção como ocorre na prescrição, salvo se houver disposição legal em contrário.

O art. 208 preceitua que, no caso, devem ser aplicadas as mesmas regras dispostas nos arts. 195 e 198. A norma do art. 195 refere-se aos relativamente incapazes e às pessoas jurídicas que têm ação contra seus assistentes ou representados que derem causa à prescrição ou não a alegarem oportunamente. O art. 198 trata da não ocorrência da prescrição contra incapazes, ausentes do país a serviço público e contra aqueles que estiverem servindo nas Forças Armadas. Tais artigos já foram objeto de comentários anteriormente. Para a decadência devem ser aplicadas essas mesmas regras.

Ao contrário da prescrição, a decadência, quando fixada em lei, não pode ser objeto de renúncia (art. 209).

Tratando-se a decadência de matéria de ordem pública, o juiz pode conhecê-la de ofício, isto é, não precisa ser alegada pela parte, quando estabelecida por lei (art. 210). Quando não for estabelecida em lei, sendo convencional, ou seja, estipulada entre as partes, não pode o juiz conhecê-la de ofício, podendo apenas conhecê-la quando alegada pela parte, o que pode ser feito em qualquer grau de jurisdição (art. 211).

24

Da Prova

Da Prova em Geral

Prova é o meio pelo qual se demonstra a existência ou veracidade de um ato, em juízo. Tal demonstração pode ser apresentada de várias formas, tais como a confissão, documento, testemunha, presunção ou perícia. Existem casos, no entanto, em que a lei determina uma forma especial de prova, não se admitindo outra (art. 212). Por exemplo, o Código de Processo Civil, no art. 366, estabelece que

> *"quando a lei exigir, como da substância do ato, o instrumento público, nenhuma outra prova, por mais especial que seja, pode suprir-lhe a falta".*

Existem, ainda, outras imposições legais que exigem o instrumento de escritura pública, como o pacto antenupcial (art. 1.653), devendo, assim, este servir de elemento indispensável de prova em juízo.

A *confissão* se dá quando uma parte reconhece os fatos que foram alegados pela outra parte.

A *prova documental* é aquela produzida através de escritos, onde são demonstrados os fatos que se pretende provar. Podem ser documentos públicos, como as escrituras lavradas pelos registros públicos, ou documentos privados, como os contratos bilaterais firmados entre as partes.

Quando não for exigida prova documental ou pericial, *a prova testemunhal* é considerada como meio hábil de prova. Seu valor probante, entretanto, dependerá do conhecimento que a testemunha tenha sobre o fato, de sua credibilidade e idoneidade. Muitas vezes tal prova tem grande relevância quando somada aos demais elementos probatórios.

Sobre *presunção*, preleciona José Frederico Marques, transcrevendo Chiovenda: "*Quando, segundo a experiência que temos de ordem normal das coisas, um fato constitui causa ou efeito de outro, ou de outro se acompanha, nós, conhecida a existência de um dos dois, presumimos a existência de outro. A presunção eqüivale, pois, a uma convicção fundada sobre a ordem normal das coisas*".[100]

A presunção decorre de uma apreciação lógica dos fatos que geram conseqüências determinadas.

Em alguns casos a *prova pericial* é de rigor. A perícia é indispensável quando se pretende provar fatos que não é possível aquilatar por outros meios. Questões técnicas devem ser analisadas por pessoas competentes em suas respectivas áreas de atuação e os laudos apresentados servirão de elemento de prova. São comuns perícias realizadas na área da medicina, principalmente quando ocorrem erros médicos, dependendo, assim, de exame próprio a ser realizado por médico especialista na área, para verificação dessa ocorrência. Os testes de DNA trazem para o juiz elemento científico decisivo para a convicção nas ações de investigação de paternidade.

As provas somente podem ser obtidas através de meios lícitos, pois, conforme previsto na Carta Magna

---

[100] MARQUES, José Frederico. *Instituições de direito processual civil.* Rio de Janeiro: Forense, 1966. v. 2, n. 823.

> *"são inadmissíveis, no processo, as provas obtidas por meios ilícitos"*

(art. 5º, LVI). A escuta telefônica feita através de meios escusos, ou seja, sem que haja autorização da pessoa envolvida, ou da Justiça, é considerada prova ilícita, não podendo, portanto, ser em direito admitida.

Examinam-se, a seguir, os diferentes elementos que constituem as provas em direito permitidas.

Confissão

A *confissão* se dá através daquele que reconhece os fatos que foram alegados pela outra parte. No entanto, esta não tem eficácia, segundo o art. 213, quando

> *"provém de quem não é capaz de dispor do direito a que se referem os fatos confessados".*

Trata-se aqui daquele que confessa atos que não são atinentes à sua pessoa.

Quando a pessoa estiver representada e a confissão for feita por seu representante, somente terá eficácia essa confissão, conforme parágrafo único do art. 213,

> *"nos limites em que este pode vincular o representado".*

Tais limites são os que estão contidos no art. 116 que preceitua:

> *"a manifestação de vontade pelo representante, nos limites de seus poderes, produz efeitos em relação ao representado".*

Desta forma, para que a confissão prestada por representante seja eficaz, é necessário que o mesmo tenha poderes para tanto.

Apesar de ser irrevogável, a confissão pode ser anulada se for feita em decorrência de erro de fato ou de coação (art. 214). O

Código de Processo Civil, no art. 352, também contém tal regra ao preceituar que

> *"A confissão, quando emanada de erro, dolo ou coação, pode ser revogada".*

Prova Documental

Documento Público

O documento lavrado em Tabelião goza de fé pública, fazendo prova plena, conforme art. 215, trazendo em seus parágrafos os requisitos necessários que devem constar no instrumento, quais sejam:

> *"§ 1º – Salvo quando exigidos por lei outros requisitos, a escritura pública deve conter:*
>
> *I. data e local de sua realização;*
> *II. reconhecimento da identidade e capacidade das partes e de quantos hajam comparecido ao ato, por si, como representantes, intervenientes ou testemunhas;*
> *III. nome, nacionalidade, estado civil, profissão, domicílio e residência das partes e demais comparecentes, com a indicação, quando necessário, do regime de bens do casamento, nome do outro cônjuge e filiação;*
> *IV. manifestação clara da vontade das partes e dos intervenientes;*
> *V. referência ao cumprimento das exigências legais e fiscais inerentes à legitimidade do ato;*
> *VI. declaração de ter sido lida na presença das partes e demais comparecentes, ou de que todos a leram;*
> *VII. assinatura das partes e dos demais comparecentes, bem como a do tabelião ou seu substituto legal, encerrando o ato.*

§ 2º – Se algum comparecente não puder ou não souber escrever, outra pessoa capaz assinará por ele, a seu rogo.
§ 3º – A escritura será redigida na língua nacional.
§ 4º – Se qualquer dos comparecentes não souber a língua nacional e o tabelião não entender o idioma em que se expressa, deverá comparecer tradutor público para servir de intérprete, ou, não o havendo na localidade, outra pessoa capaz que, a juízo do tabelião, tenha idoneidade e conhecimento bastantes.
§ 5º – Se algum dos comparecentes não for conhecido do tabelião, nem puder identificar-se por documento, deverão participar do ato pelo menos duas testemunhas que o conheçam e atestem sua identidade."

Os documentos lavrados em Tabelionato fazem prova plena, pois gozam de fé pública (autenticidade dada aos documentos emanados por autoridades públicas ou serventuários da justiça, em razão do cargo que exercem, isto, porém, *a priori*). Mas, há decisões em que tal prova é desconsiderada pelo judiciário, quando se demonstra que o documento lavrado não está revestido das formalidades necessárias, eivado de erros ou quando fica fartamente demonstrado que não era a vontade da parte. Exemplo: escritura lavrada através de procuração evidentemente falsa. Pode ser declarada a anulação de escritura pública quando verificada "sem sombra de dúvida" através de outros meios de prova eficazes, que a vontade do agente não se coaduna com a manifestada pela declaração.

Também a jurisprudência tem entendido que simples formalismos podem ser sanados, não sendo motivos para anulação do ato, especialmente quando o documento lavrado retrata a real vontade das partes. Sobre a matéria, o Tribunal de Justiça de Santa Catarina pronunciou-se da seguinte forma: *"E, realmente, se a escritura pública espelha a vontade das partes – matéria sobre a qual nenhuma referência foi feita pelos apelantes – o Tabelião, ao subscrevê-la, embora decorrido algum tempo, sanou a irregularidade"*.[101]

[101] Tribunal de Justiça Santa Catarina – Apelação 20513 – Relator Desembargador João Almir Silveira.

O mesmo valor probante que têm os originais, possuem as certidões textuais extraídas de peças judiciais, lavradas pelos escrivães, ou por quem o fez sob sua vigilância e por ele sobrescrita, assim como os traslados de autos, quando por outro escrivão consertados (art. 216). A expressão "consertados" significa que as cópias foram conferidas com os originais.

O art. 217 confere a mesma força probatória aos traslados e às certidões extraídas por tabelião ou oficial de registro, de instrumentos ou documentos lançados em suas notas.

Quando forem extraídos traslados e certidões de originais produzidos em juízo como prova de algum ato, tais documentos são considerados instrumentos públicos, conforme regra contida no art. 218.

Documento Particular

As declarações que constam dos documentos assinados pelas partes presumem-se verdadeiras em relação aos mesmos (art. 219).

Esse princípio vale tanto para a escritura pública quanto para os instrumentos privados, mas, de toda forma, não vale contra terceiros.

O artigo menciona presunção de veracidade e, assim sendo, admite prova em contrário. Mas, para ser descaracterizada tal presunção de veracidade, deve ser produzida prova contundente, não podendo prevalecer, por exemplo, uma prova oral precária.

O parágrafo único do art. 219 não exime o interessado do ônus de provar as declarações enunciativas, quando não tem relação direta com as disposições principais ou com a legitimidade das partes.

A regra do art. 219 e seu parágrafo, quanto aos documentos particulares, também está disciplinada no Código de Processo Civil, no art. 368, no mesmo sentido, ao dispor:

> *"As declarações constantes de documentos assinados presumem-se verdadeiras em relação ao signatário"*

e em seu parágrafo único:

"Quando, todavia, contiver declaração de ciência, relativa a determinado fato, o documento particular prova a declaração, mas não o fato declarado, competindo ao interessado em sua veracidade o ônus de provar o fato".

Existem casos em que para a validade de um ato, necessária é a anuência ou autorização de outro e, sempre que possível, deverá constar do próprio instrumento (art. 220). É pressuposto de validade para alguns negócios que seja dada autorização prévia de outro, a exemplo, um cônjuge não pode alienar bem imóvel, prestar fiança, fazer doação, sem autorização do outro, podendo apenas fazê-lo quando casados pelo regime da separação absoluta de bens. Tal imposição legal está contida no art. 1.647 do Código Civil.

A propósito, o art. 176, como já foi visto, preceitua que atos praticados sem anuência ou autorização que lhe condiciona a validade são passíveis de anulação, podendo, todavia, ser validados se a outorga se der posteriormente.

O art. 221 dita a regra legal de que o instrumento particular para valer contra terceiros deve ser levado a registro público. O instrumento faz prova quanto às obrigações convencionais de qualquer valor assumidas pelas partes, mas não opera quanto a terceiros, antes de ter sido levado ao registro público.

Outros Documentos

O telegrama também constitui elemento de prova. Quando for contestada sua autenticidade, a prova é realizada diante de conferência com o original assinado (art. 222). Nesse caso, deve ser analisado o documento probatório através do original devidamente assinado. A respeito, o Código de Processo Civil contém dispositivo, art. 374, que dá ao telegrama a mesma força do documento particular, desde que o original tenha sido assinado pelo remetente. Mas, tal ordenamento não empresta a mesma força probatória ao telegrama fonado, tendo em vista que neste não consta a assinatura do remetente.

Outra prova que vale como declaração de vontade é a cópia fotográfica de documento, conferida por Tabelião, mas segue a mesma regra do artigo anterior, pois, caso contestada sua autenticidade, deve ser exibido o documento original. Todavia, essa prova não supre a ausência do título de crédito, ou do original, quando essas forem determinadas por Lei ou circunstâncias condicionadas a ela.

Deve-se considerar que tais tipos de provas, telegrama e cópia fotográfica de documento são consideradas quando não forem impugnadas. Somente em caso de impugnação é que deverá ser exibido o documento original.

Os documentos escritos em língua estrangeira, para que produzam efeitos legais, deverão ser traduzidos para o português (art. 224). Mas, de acordo com a lei processual civil, art. 157, não basta a tradução. Deve ser ela realizada por um tradutor juramentado. Quando o documento apresentado nos autos não vem acompanhado da tradução juramentada, não pode ser considerado, tendo em vista que o dispositivo legal é de ordem pública, não podendo ser modificado pelas partes. Moniz de Aragão preleciona: *"Versão válida é apenas a que provenha de tradutor juramentado; de nada serve a que provier de outra pessoa. O tradutor juramentado goza de fé pública e nisso se fundamenta a exigência legal"*.[102]

Atualmente, é muito usual a produção de provas através de reproduções fotográficas, cinematográficas, fonográficas e outras do gênero, principalmente em questões relativas aos direitos da personalidade e direitos decorrentes da propriedade intelectual. Para tais provas, a legislação civil contém a regra do art. 225, que determina:

> *"As reproduções fotográficas, cinematográficas, os registros fonográficos e, em geral, quaisquer outras reproduções mecânicas ou eletrônicas de fatos ou de coisas, fazem prova plena destes, se a parte contra quem forem exibidos não lhes impugnar a exatidão"*.

[102] ARAGÃO, Muniz de. *Comentários ao Código de Processo Civil.* Rio de Janeiro: Forense, 1979. v. 2, p. 28.

Desta forma, têm valor probante pleno, desde que não impugnados pelo adverso.

Havendo impugnação sobre a autenticidade desses documentos, o juiz determinará a realização de exame pericial, conforme preceitua o art. 383 do Código de Processo Civil.

O último artigo deste Título referente aos documentos é o art. 226, que trata dos livros e fichas dos empresários e sociedades que fazem prova contra seu autor e, em seu favor, quando estejam escrituradas sem vício extrínseco ou intrínseco e confirmadas por outros elementos. O extrínseco diz respeito à forma e o intrínseco trata da essência do ato. De qualquer maneira, deve ser observado o parágrafo único do art. 226, o qual determina que tal prova não é bastante quando a lei exige escritura pública ou documento particular revestido de requisitos específicos e pode ser ilidida, refutada, através de comprovação de falsidade ou inexatidão dos lançamentos.

Prova Testemunhal

A prova testemunhal está disciplinada nos arts. 227, 228 e 229 os quais ditam os seguintes ordenamentos:

Só é admitida a prova exclusivamente testemunhal cujo negócio jurídico não ultrapasse o décuplo do valor do maior salário mínimo vigente no País. A restrição a esse tipo de prova se dará somente quando se tratar de um negócio jurídico com o valor citado. A jurisprudência tem entendido que, no caso de contrato de locação de serviços, embora oneroso, este pode ser comprovado por testemunhas, independentemente de seu valor e prova por escrito, tal como leciona Washington de Barros Monteiro, quando assevera que "pode" a prestação de serviços ser comprovada por testemunhas sem infração ao art. 141 do Código Civil, seja qual for o seu valor independentemente de prova por escrito.[103]

[103] MONTEIRO, Washington de Barros. *Curso de direito civil* – Direito das obrigações. São Paulo: Saraiva, 1972. v. 2, p. 201.

Não podem servir de testemunhas os menores de dezesseis anos, porque, conforme preceito do art. 4º, são considerados absolutamente incapazes, assim como os que por enfermidade ou retardamento mental não tiverem discernimento para os atos da vida civil.

Também não podem ser admitidas como testemunhas as pessoas que possuam deficiência visual ou auditiva, quando a ciência do fato que se quer provar depender dos sentidos que lhes faltam. Assim, um cego não pode ser testemunha ocular de determinado fato, nada impedindo, no entanto, que venha a depor sobre fatos cujo conhecimento independe de sua deficiência.

Aqueles que tenham de alguma forma interesse na demanda, o amigo ou inimigo das partes, são impedidos de depor como testemunhas. Esses impedimentos não constavam da anterior legislação civil, apenas constando na processual, art. 405, III e IV, que considera tais testemunhas como suspeitas.

Existe mais um impedimento legal que se refere aos cônjuges, ascendentes, descendentes e ainda aos colaterais até terceiro grau, por consangüinidade ou afinidade, os quais estão vedados de testemunhar nos casos que envolvem pessoas nesse grau de parentesco.

Todos esses impedimentos preceituados no art. 228 não deixam dúvidas, pois são taxativos. Mas, o legislador fez constar no parágrafo único do mesmo artigo que, versando a prova sobre fatos de que só aquela determinada pessoa tenha conhecimento, podem ser admitidos seus depoimentos pelo juiz.

Deve-se mencionar também o § 4º do art. 405 do Código de Processo Civil vigente, o qual determina que podem ser ouvidas pelo juiz, quando estritamente necessário, as testemunhas impedidas ou suspeitas, sendo que seus depoimentos serão prestados independentemente do compromisso de dizer a verdade, não advertidas da pena de falso testemunho, atribuindo o juiz o valor que entender a tais depoimentos.

Por outro lado, é imperativo legal que ninguém pode ser obrigado a depor sobre fato que diz respeito a estado e dever de ofício do qual deva guardar segredo, que lhe acarrete desonra própria, de seu cônjuge, parente ou amigo íntimo e, ainda, que fique exposto ou exponha as pessoas acima mencionadas a perigo de vida, de demanda ou dano patrimonial imediato.

Presunção

O art. 230 trata das *presunções*, não as legais, que não são admitidas nos casos em que a lei exclui a prova testemunhal.

A presunção legal é aquela estabelecida pela própria lei. Não é meio de prova propriamente dito, mas dispensa, quem dela se aproveita, do ônus de realizar a prova. Pode ser absoluta ou relativa. Absoluta, quando não admite prova em contrário. Relativa, por admitir prova em contrário, revertendo o ônus da prova para a parte contrária.

Exemplo de presunção absoluta seria o preceito do art. 574 do Código Civil que presume prorrogada a locação se, após o término do prazo, o locatário continuar na posse do imóvel sem que o locador tenha manifestado oposição, pelo mesmo valor locatício e sem prazo determinado.

Sobre presunção relativa, o art. 324 do Código Civil preceitua que a entrega do título ao devedor firma a presunção do pagamento e seu parágrafo único estabelece que ficará sem efeito a quitação assim operada se o credor provar, em sessenta dias, a falta do pagamento.

Vê-se, pois, que o art. 230 trata da presunção comum, não a legal, inadmitida quando a prova testemunhal for excluída pela lei. Presume-se que é proprietário do imóvel aquele que conste da escritura pública. Esta prova de propriedade não pode ser realizada através de testemunhas, há de ser exibido o documento exigido pela lei, que é a escritura pública.

Nos termos do art. 230,

> *"as presunções, que não as legais, não se admitem nos casos em que a lei exclui a prova testemunhal".*

"A presunção – repetimos o pensamento de Chiovenda – *equivale, pois, a uma convicção fundada sobre a ordem normal das coisas".*[104]

---

[104] CHIOVENDA, Giuseppe. *Instituições de direito processual civil.* São Paulo: Saraiva, 1965. v. 3, n. 823.

Perícia

A prova pericial, como já foi referido na parte geral no Título "Das Provas", é indispensável quando se pretende provar fatos que não são possíveis por outros meios.

Quando a prova depender de fato do qual seja exigido conhecimento especial, técnico, deverá ser realizada através de perícia. Essas questões técnicas devem ser analisadas por pessoas com competência em suas respectivas áreas de atuação e os laudos apresentados servirão de elemento de prova.

Entretanto, de acordo com o disposto no art. 436 do Código de Processo Civil, o juiz não fica adstrito ao laudo pericial, podendo formar sua convicção através de outros elementos ou fatos apresentados no processo.

Tratando-se de perícia, aquele que se nega a submeter-se a exame médico a ela necessário, não poderá aproveitar-se dessa recusa (art. 231). O art. 232 taxativamente preceitua que a recusa à perícia médica ordenada pelo juiz poderá suprir a prova que se pretendia obter com o exame.

Tem-se aqui o típico caso de investigação de paternidade em que o réu (provável pai) se nega a realizar o exame de DNA. Nesse caso, a recusa não lhe aproveita, pois será declarado pai com os elementos probatórios produzidos nos autos, mesmo sem o exame de DNA, que seria incontroverso para a determinação da paternidade.

25

JURISPRUDÊNCIA

Trazemos aqui importantes decisões de Tribunais de nosso país a respeito de danos morais e patrimoniais decorrentes de atos ilícitos, de direitos da personalidade, da responsabilidade objetiva das pessoas jurídicas, e, ainda, sobre a desconsideração da personalidade jurídica.

Nestas contemporâneas decisões, vemos consagrados princípios normatizados na lei Civil vigente, muitos dos quais comentados na presente obra, notadamente nos dispositivos legais que vieram a ser incorporados na nova lei, especialmente quanto aos direitos da personalidade e desconsideração da personalidade jurídica.

Ainda, nelas estão contidas situações fáticas e de direito, que bem espelham as questões mais suscitadas em nossos tribunais, em todos seus aspectos.

Assim sendo, entendemos que estes relevantes julgados poderão contribuir, sobremaneira, no estudo de diversas situações em que se apresentem as hipóteses acima declinadas.

Danos Morais e Materiais

Dano Moral

Dano Moral – Listas negras.
Restou incontroverso nos autos que a reclamada elaborava e atualizava, de tempos em tempos, a chamada "lista negra", com o nome de todos os ex-funcionários que vieram a pleitear seus direitos no Poder Judiciário Trabalhista. No caso presente, a reclamada adotava procedimentos vis, não apenas discriminando ex-empregados que ajuizaram reclamações trabalhistas, quando do fornecimento de referência, mas também coagindo as empresas que lhe prestavam serviços para que não contratassem ou até mesmo demitissem tais pessoas. Se o fato de que a reclamada elaborar tal listagem e encaminhá-la a uma única firma já é motivo bastante para configurar o dano à pessoa da autora, quanto mais se considerarmos as centenas de empresas que lhes prestavam serviços ou comercializavam seus jornais. Caracterizada a lesão ao trabalhador, impõe-se o ressarcimento do dano. Recurso a que se dá provimento parcial (tão-somente para reduzir o valor de indenização) (TRT – 24ª Região; RO nº 452/202-001-24-00-7 – Campo Grande – MS; Relatora Juíza Dalma Diamente Gouveia; j. 3/4/2003; maioria de votos e v.u.)

Acórdão

Vistos, relatados e discutidos estes autos (Processo nº 452/2002-001-24-00-7-RO.1).

A 1ª Vara do Trabalho de Campo Grande, pela sentença prolatada pela Juíza do Trabalho Substituta Anna Paula Silva Santos, às f. 66/74, julgou procedentes em parte os pedidos formulados na presente reclamação trabalhista condenando a reclamada a pagar à reclamante indenização por danos morais.

Recorre a reclamada às f. 75/86, argüindo preliminar de incompetência da Justiça do Trabalho e, no mérito, insurgindo-se contra a condenação imposta.

Depósito recursal e custas processuais às f. 87 e 88, respectivamente.

Contra-razões da reclamada às f. 90/103.

O d. Ministério Público do Trabalho, através do parecer de f. 107, da lavra do Procurador Cícero Rufino Pereira, opina pelo regular prosseguimento do feito.

É o relatório.

Voto

1 – Conhecimento

Presentes os pressupostos legais, conheço do recurso interposto, bem como das contra-razões apresentadas.

2 – Mérito recursal

2.1 – Incompetência da Justiça do Trabalho

Reitera a Reclamada a alegação de incompetência da Justiça do Trabalho para "processar e julgar matéria envolvendo danos materiais e morais, mesmo entre empregados e empregadores" (f. 77).

A argüição não merece acolhida.

O art. 114 da Constituição Federal dispõe que compete à Justiça do Trabalho conciliar e julgar os dissídios individuais e coletivos entre trabalhadores e empregadores e, na forma da lei, outras controvérsias decorrentes da relação de trabalho, bem como os litígios que tenham origem no cumprimento de suas próprias sentenças, inclusive coletivas.

Mesmo cuidando-se o presente processo de litígio relativo a indenizações por danos materiais e morais, não se pode negar que a pretensão em tela tem sua gênese no extinto vínculo empregatício que a autora manteve com a reclamada, na medida em que, segundo alega, passou a sofrer discriminação no mercado de trabalho em razão de haver ajuizado reclamação trabalhista contra a reclamada.

Conforme se depreende nos autos, tal fato (ajuizamento de reclamação trabalhista) serviu de pretexto para a reclamada divulgar uma relação de ex-funcionários que não seriam dignos de contratação por outras empresas.

Percebe-se que é patente o liame que une o feito em apreço, alusivo a indenização pelo comportamento temerário da reclamada, no extinto vínculo empregatício.

A jurisprudência já cristalizou entendimento no sentido de que compete a esta Especializada o processo e julgamento, nestas circunstâncias de litígio desta espécie. Vejamos:

> "Dano moral – Competência da Justiça do Trabalho. De acordo com a decisão do Colendo STF, proferida no julgamento do Processo STF-RE nº 238737/SP, a Justiça do Trabalho é competente para julgar as ações em que se pede indenização por danos morais. 2 – Recurso de Revista parcialmente conhecido e parcialmente provido" (TST-RR nº 572654/1999 – 3ª T. – Relator Ministro Francisco Fausto – DJU 17/12/1999 – p. 293).

De igual modo, também a doutrina perfila deste entendimento, consoante se verifica na lição de PINTO MARTINS mencionada na obra *A competência da Justiça do Trabalho e Os Morais*, CELSO LEAL DA VEIGA JÚNIOR, ao asseverar que "Pinto Martins (1996: 79) diz ser a Justiça do Trabalho a competente para examinar o pedido de dano moral). Essa competência, para o autor, é decorrente do fato 'de apesar de o dano ser civil, de responsabilidade civil prevista no Código Civil, a questão é oriunda do contrato de trabalho. Está, portanto, incluída essa competência no art. 114 da Constituição, que prevê que controvérsias entre empregado e empregador ou decorrentes da relação de trabalho são de competência da Justiça do Trabalho' " (CELSO LEAL DA VEIGA JÚNIOR in *A Competência da Justiça do Trabalho e os Danos Morais.* Ed. LTr, 2000, pp. 48/49).

Para arrematar, e não poderia ser diferente, neste mesmo sentido também já se manifestou este Regional:

"Justiça do Trabalho – Competência material – Dano moral.
Firma-se a competência da Justiça do Trabalho pela causa de pedir. Assim, mantendo o fato gerador do pedido de indenização por dano moral com contrato de emprego, apresenta-se indiscutível a competência da Justiça do Trabalho para compor do dissídio entre empregado e empregador" (TRT – 24ª Região – RO nº 1367/2001 – Relator Juiz Nicanor de Araújo Lima – DO/MS nº 5753, de 16/05/2002, p. 70).

Assim, ante os fundamentos expostos, rejeito a prefacial de incompetência da Justiça do Trabalho.

Indenização por Danos Morais

Em suma, recorre a reclamada objetivando afastar a condenação ao pagamento de indenização por danos morais.

O apelo não prospera.

Alegou a reclamante que após ser demitida sem justa causa pela reclamada, ajuizou reclamação trabalhista para vindicar, dentre outros, o correto pagamento das verbas rescisórias, que procurou emprego em diversas empresas desta cidade, sendo que, embora em algumas delas chegasse a ser até entrevistada, não conseguiu colocação; que, recentemente, "teve conhecimento de uma 'lista negra' que tramita no comércio desta capital, a qual é emitida pela Reclamada com intuito de discriminar todos os ex-funcionários que pleiteiam seus direitos no Poder Judiciário Trabalhista junto ao mercado de trabalho" (f. 03/04).

Alegou, ainda, que tal situação implicou no descrédito de sua pessoa em Campo Grande, razão pela qual se viu obrigada a mudar para Nova Alvorada do Sul para lá obter trabalho, localidade na qual conseguiu informações discriminatórias de sua pessoa através de contato telefônico com o departamento pessoal da Reclamada.

Não bastasse a prova material da referida "lista negra" constante às f. 11/16, a própria reclamada foi confessa ao admitir haver elaborado tais listagens, argumentando, todavia, que se tratava de informação interna sendo encaminhada apenas a empresa ... porque lhe prestava serviços.

Como visto, restou incontroversa a existência das chamadas "listas negras", elaboradas e atualizadas de tempos em tempos pela reclamada, como se constata às f. 12 e 14.

A assertiva patronal de que se tratava de documento de cunho interno não lhe socorre. Seu preposto esclareceu que as listas eram remetidas para as empresas que prestavam serviços à reclamada, pois era política da empresa não trabalhar com ex-funcionários (item 2 – f. 61).

Muito embora não se possa afirmar com segurança que a reclamada, além das listas também procedesse ao fornecimento de informações desabonadoras de seus ex-funcionários, exceto, por outro lado, como bem esclareceu o preposto, que, quando alguma empresa interessada em contratar um dos ex-funcionários entrava em contato com a reclamada na busca de referências, era encaminhada ao Sr. S. V., coordenador do serviço de pessoal da reclamada, que era o responsável pela elaboração das referidas listas (itens 12 e 15 – f. 61).

No particular a testemunha R. J. G., que foi gerente comercial da reclamada, afirmou ainda que "tinha sob sua responsabilidade 45 funcionários; se alguns desses 45 funcionários movesse ação, apenas o departamento pessoal é quem poderia passar referências para pretensos empregadores. Caso não houvesse nenhuma ação intentada, o depoente poderia passar referências e inclusive assinar carta de apresentação" (item 6 – f. 62).

A mesma testemunha, atualmente ocupando o cargo de gerente comercial da empresa ..., foi bastante clara ao expor que sofria pressões por parte da reclamada para não contratar funcionários constantes das listas, bem como para dispensar outros já contratados (itens 2, 4, 8 – f. 62).

Afirmou a testemunha que: "naquela reunião havida na sexta-feira à tarde, o Sr. C. M., chamou o Sr. L. N., que até então não estava presente na sala, determinando a remessa de listas para todos os fornecedores da E. F. P., determinando que não admitissem aqueles funcionários como empregados ou prestadores de serviços;" (item 14 – f. 63).

Esclareceu que tal atitude igualmente ocorria com outras empresas. Informou que ouviu o Sr. C. A. M., diretor executivo da reclamada, "determinando ao Sr. L. N. que entrasse em contato com o dono de uma das empresas terceirizadas determinando sumária dispensa de um funcionário de nome L., sob pena de encerramento do contrato e não ser mais repassada para tal firma qualquer remessa de entrega;" (item 4 – f. 62).

Bem se vê que a reclamada adotava procedimentos vis, não apenas discriminando ex-empregados que ajuizaram reclamações trabalhistas, quando do fornecimento de referência, mas também coagindo as empresas que lhe prestavam serviços para que não contratassem ou até mesmo demitissem tais pessoas. Veja-se que a testemunha esclareceu que a reclamada tem por volta de 1.000 fornecedores (item 15 – f. 63).

Por sua vez restaram igualmente comprovados os efeitos danosos decorrentes das práticas levadas a efeito pela reclamada.

A reclamante não logrou contratação alguma após sua saída da empresa. Atente-se ao fato notório de ser a reclamada grande empresa no meio de comunicação de massas no Estado, pelo que se valia de tal situação para desprestigiar seus ex-funcionários.

Até mesmo a testemunha R. J. G. admitiu em juízo que tinha intenção de contratar a reclamante, mas não o fez em razão das pressões feitas pela reclamada (itens 10 e 17 – f. 62/63).

As alegações feitas pela reclamada, agora em recurso, de modo algum lhe socorrem. No particular, cuidou apenas e tão-somente de tergiversar sobre a busca de emprego pela autora, não afastando de modo convincente as evidências que lhe pesam.

A disponibilização de consulta através dos nomes das partes pelo TRT, à época, não se confunde com atitude reprovável de a própria reclamada elaborar e divulgar uma "lista negra". Tais atos inclusive impeliram os TRTs a não mais disponibilizar esse tipo de consulta.

Se o fato da reclamada elaborar tal listagem e encaminhá-la a uma única firma já é motivo bastante para configurar o dano à pessoa da autora, quanto mais se considerarmos as centenas de empresas que lhe prestavam serviços ou comercializavam seus jornais.

O dano moral, objeto destes autos, guarda correlação com a ofensa aos valores maiores do indivíduo. É a mácula à sua honra, à sua personalidade, ao seu valor próprio e perante a sociedade em que se vive, à sua dignidade, princípio fundamental de nossa atual Carta Magna (art. 1º – III). Visa assegurar à vítima uma satisfação compensatória à dor e a menos valia que sofreu, decorrente de um dano oriundo de ação ou omissão voluntária, na modalidade dolosa, ou negligência, imperícia ou imprudência, na modalidade culposa do agente causador.

Acerca do tema, RODOLFO PAMPLONA FILHO asseverou:

"O fato é que é comum se falar, em determinados setores da atividade econômica, na existência de 'listas negras', em que supostamente constariam nomes de empregados 'indesejáveis', de tal modo a obstar suas contratações ou a simplesmente criar empecilhos a que isto ocorra.

"Conseguindo-se a prova efetiva da ocorrência de tal fato, inquestionavelmente estará caracterizada a lesão ao trabalhador, tanto na sua esfera patrimonial, quanto moral, vez que foi 'expurgado' do mercado de trabalho, sem ter direito sequer à defesa do que lhe foi imputado.

"Nota-se, inclusive, que essa lesão não está sendo perpetrada ao trabalhador enquanto empregado, mas sim ao cidadão, pois se estará tolhendo até mesmo a possibilidade de sua subsistência e de sua família (dano patrimonial) e violentando sua honra e dignidade perante a sociedade (dano moral) ensejando seu legítimo interesse na reparação desses danos" (RODOLFO PAMPLONA FILHO, in: *O Dano Moral na Relação de Emprego,* Ed. LTr, 1998, p. 91/92).

Por estas circunstâncias, não merece reforma a sentença recorrida, no particular.

Quanto às providências requeridas pela reclamante, em contra-razões, por ter a reclamada em recurso alegado tratar-se a presente ação de verdadeira extorsão, tal compete a requerente, nada havendo a ser deferido.

Por estes fundamentos nego provimento ao recurso.

Indenização por Dano Moral Valor Arbitrado (Nos Termos do Voto do Juiz Abdalla Jallad)

Dou provimento ao recurso tão-somente em relação ao valor arbitrado a título de indenização por danos morais pela r. sentença originária, a saber R$ 20.000,00 (vinte mil reais).

Primeiramente, é importante consignar que, no meu entender, na seara trabalhista, a falta de disciplina própria, recorre-se subsidiariamente ao Direito Civil e o valor da indenização resolve-se pela aplicação do art. 1.553 do Estatuto Civil, ou seja, através de arbitramento pelo juiz.

Como é sabido, as reparações por atos ilícitos têm dupla finalidade, quais sejam, penalizar o ofensor (caráter pedagógico e inibitório) e compensar a vítima na medida do possível, pelo dano sofrido (caráter reparatório). Portanto, tem-se que a indenização não deve ser arbitrada em valor irrisório a ponto de não atingir seu intuito pedagógico e inibitório e tampouco em valor abusivo, sob pena de converter-se em enriquecimento sem causa da vítima, o que é vedado pelo Direito.

Nessa linha de raciocínio, considerando o bom senso e a razoabilidade, reputo excessivo o valor atribuído pelo julgador originário a indenização deferida, a saber, R$ 20.000,00 (vinte mil reais).

Assim, tendo em vista que a reclamante laborou durante dois anos para a reclamada, percebendo aproximadamente R$ 250,00 (duzentos e cinqüenta reais), dou provimento parcial ao apelo para reduzir a indenização por danos morais para o valor de R$ 6.000,00 (seis mil reais), equivalente a 30 salários mínimos (e a 24 meses de salário da reclamante, conforme constante do documento de fls. 55/59), que entendo compensar com relativa satisfação o sofrimento moral da ofendida.

É o voto.

Posto isso

Acordam os Juízes do Egrégio Tribunal Regional do Trabalho da Vigésima Quarta Região, por unanimidade, em aprovar o relatório e conhecer do recurso; no mérito, por maioria, dar-lhe provimento parcial quanto ao tópico relativo aos danos morais nos termos do voto do Juiz Abdalla Jallad, vencidos em parte os Juízes Dalma Diamante Gouveia (Relatora) e Nicanor de Araújo Lima (Revisor) que lhe negavam provimento; ainda no mérito, por unanimidade negar-lhe provimento quanto aos demais, nos termos do voto da Juíza Relatora. Não participaram do julgamento os Juízes Amauri Rodrigues Pinto Júnior e João Marcelo Balsanelli, por não terem estado presentes quando de seu início, ocorrido em 10/12/2002. Por motivo justificado, esteve ausente o Juiz João de Deus Gomes de Souza (Presidente).

Campo Grande, 3 de abril de 2003

NICANOR DE ARAÚJO LIMA
Presidente da sessão

DALMA DIAMANTE GOUVEIA
Relatora

(Publicado no Boletim da Associação dos Advogados de São Paulo nº 2.324.)

DANO MORAL – RESPONSABILIDADE CIVIL

RESPONSABILIDADE CIVIL – ATOS E NEXOS DE CAUSALIDADE INCONTROVERSOS – DANO COMPROVADO – TROCA DE BEBÊS. Culpa da maternidade, pois é responsável pelos bebês que se encontram nos berçários, não podendo ser uma criança considerada mercadoria a ser entregue a quem a solicitou. Os fatos gravíssimos foram comprovados, cabendo indenização fundada no dano moral, dada a angústia e o abalo psicológico de um ser humano, causados por culpa exclusiva da apelante. Dano moral fixado levando-se em consideração a gravidade do fato, o ofendido e a possibilidade econômica do causador do dano. Desprovimento do apelo. (TJRJ – 1ª Câmara Civil; Apelação Cível 21624/99-RJ; Relator Desembargador Paulo Sergio Fabião; j, 3/10/2000; v.u.)

(Publicado no Boletim da Associação dos Advogados de São Paulo nº 2.250.)

Direitos da Personalidade

Direito de Imagem
Violação de Direito de Imagem

Apelação Cível 13.211/99
Apelante: S. S. G. G. A. Ltda.
Apelado: A. G. M. e outros
6ª Câmara Civil do Tribunal de Justiça do Rio de Janeiro
Julgado em 21/03/2000 – Súmula do julgamento. POR UNANIMIDADE, NEGOU-SE PROVIMENTO AO AGRAVO RETIDO E À APELAÇÃO.

Apelação Cível – Violação do direito de imagem. Preliminar de ilegitimidade ativa que se rejeita. Caracterizado o ataque desautorizado à esfera jurídica de terceiros, praticado com o fito do lucro empresarial pela demandada, é que tenho como legítimas as partes litigantes, reconhecendo, aos demandantes, o direito de ação. Denunciação à lide. Ausência de condenação. Apesar de aplicados os efeitos da revelia à segunda denunciada, que não contestou regularmente o feito, acertada foi a decisão que deixou de condená-la, uma vez que o contrato celebrado, entre esta e a Ré-Apelante, teve como objeto, apenas, a cessão de direitos de produtor fonográfico, que envolve o uso de imagem não autorizada.

No mérito nega-se provimento à Apelação, confirmando e mantendo-se a sentença, por seus próprios fundamentos.

Vistos, relatados e discutidos estes autos da Apelação Cível 13211/99, onde figuram, como Apelante S. S. G. G. A., e como apelados A. G. M. e outros.

Acordam, os Desembargadores que integram a Sexta Câmara do Tribunal de Justiça, por unanimidade, em conhecer do recurso, apreciando, inicialmente, o Agravo Retido às fls. 188/191, interposto contra a decisão que rejeitou a preliminar de ilegitimidade ativa, argüida em contestação, para negar provimento ao Agravo, mantendo-se a decisão denegatória. Mantida, também, a decisão que deixou de condenar a segunda denunciada a indenizar a Apelante em regresso. No mérito, nega-se provimento à Apelação, confirmando e mantendo-se a sentença, por seus próprios e jurídicos fundamentos, nos termos do voto do Desembargador Relator.

Voto

Não caiu em terreno fértil, a semente da irresignação da Apelante.

Porém, o exame do mérito deverá ser precedido daquele referente a questões necessariamente antecedentes, como faço agora.

Do Agravo Retido às fls. 188/191, interposto contra a decisão que rejeitou a preliminar de ilegitimidade ativa, argüida em contestação.

É absolutamente improcedente o sustentáculo jurídico do Agravo em questão, cuja síntese se faz pela seguinte afirmação, em fls. 189, <u>*verbis*</u>:

"Acontece, porém, que a hipótese em questão é de *direito de arena*. Consoante disposto no *caput* do art. 100 da Lei nº 5.988 de 14 de dezembro de 1973,

"À entidade a que esteja vinculado o artista <u>pertence o direito de autorizar ou proibir, a fixação, transmissão ou retransmissão, por quaisquer meios ou processos, de espetáculo desportivo público, com entrada paga</u>". (grifos nossos)

O caso em exame NÃO FOI, NÃO É ou mesmo NÃO SERÁ, de incidência de quaisquer das hipóteses do aludido Direito de Arena, enquanto vigentes, em nosso país, os princípios e fundamentos do que se convencionou chamar de DIREITO DE IMAGEM.

Para assim afirmar, valho-me de oportuna transcrição da doutrina de Carlos Alberto Bittar, na obra *Contornos do Direito do Autor*, Editora Revista dos Tribunais Ltda, SP, 1992, páginas 185/188, *verbis*:

"A questão do direito à imagem.

Outra questão debatida na área publicitária é a do direito à imagem, seja de artistas, seja de pessoas notórias, ou exóticas, ou ainda, comuns na coletividade.

Detendo-nos em sua conceituação, consideramos que o direito à imagem consubstancia o vínculo que une uma pessoa à sua expressão externa, ou seja, ao conjunto de traços e caracteres que a distinguem e a individualizam. Consiste no direito que tem a pessoa de impedir que outrem a utilize, sem autorização, de sorte que a fixação e a posterior utilização econômica dependem de sua anuência."

Feita a conceituação, o doutrinador, agora, posiciona sistematicamente o Direito de Imagem, *verbis*:

"Diz respeito, como os demais da personalidade, à preservação de valores fundamentais do homem (intimidade e respeito à pessoa), configurando direito irrenunciável."

Isto feito, como que se desenvolvido fosse o raciocínio para o caso em exame, o jurista envereda, especificadamente, sobre os casos de violação de tal direitos, quando diz, *verbis*:

"Desse modo, a utilização econômica não autorizada ocasiona a satisfação de perdas e danos, levando-se em conta o prejuízo efetivo do interessado e os lucros cessantes (aquilo que deixou de auferir, em face da utilização abusiva).

No caso de utilização publicitária – prática que se tem observado com freqüência, desde que se despertou para a importância da vinculação de pessoa notória a produtos de consumo, para a incrementação de suas vendas, mas nem sempre com o necessário respeito a prescrições legais, e, mesmo, sem a retribuição patrimonial condizente – deve inserir-se, no cômputo da indenização, como elementos norteadores, a verba publicitária destinada à companha ou, em se tratando de um determinado veículo, o custo de confecção do material, que bem dizem da expressão e da importância que se imprime à imagem utilizada.

Em linha de conta deverão também ser tomadas considerações relativas aos reflexos que a inserção publicitária tenha provocado: como o descarte da utilização consentida para outro anúncio, de concorrente, ou de empresa ou produto que melhor projeção confiram ao interessado (principalmente se artista ou pessoa de projeção pública); o desgaste da personalidade, inclusive o direito à imagem, nos quais se podem colher os subsídios necessários para a sua individualização e o seu reconhecimento, independentemente de fórmulas legais."

A partir de então, passa, o jurista, a discorrer sobre os reflexos dessa violação do direito de imagem no mundo jurídico, *verbis*:

"Na verdade, é na Jurisprudência que esses direitos começaram a manifestar-se, passando, depois, de forma progressiva, para as legislações. Está o princípio da proteção inserido, no Brasil, desde o art. 666, X, do Código Civil (ora, art. 49, I, f, da lei sobre Direitos Autorais), cabendo, pois, ao titular retribuição por todos os usos que a vinculação da imagem a certo produto possa acarretar e outros reflexos ligados diretamente à posição e ao destaque público do interessado (esses elementos têm sido ponderados e respeitados em decisões de Tribunais em que se tem posto o problema).

A proporção e o alcance da violação à imagem podem, pois, ser aferidos por intermédio dos elementos impostos: o vulto da campanha e as considerações relativas à situação do interessado (e a respectiva projeção).

A fixação do *quantum* da indenização, pode ser deixada à liquidação por artigos, em razão da inexistência dos elementos concretos nos autos. Pode ser feita por arbitramento, se esses dados são, desde logo, oferecidos ao julgador (Código Civil, art. 1.553)."

Com efeito, e sem deixar de ilustrarmos com outros signos característicos do Direito de Imagem, elenca, o doutrinador, interessantes vertentes jurisprudenciais, decorrentes da violação do Direito de Imagem, *verbis*:

"Principais decisões de nossos Tribunais.

Com referência ao direito à imagem, a consagração jurisprudencial conta com considerável elenco de decisões em nossos pretórios, de que destacaremos as mais expressivas, oferecendo-as a seguir, para demonstrar os contornos do direito em causa, destacando-se dos direitos autorais.

O direito à imagem é ínsito à pessoa como componente de sua personalidade, enquanto o direito autoral de interpretação incide sobre a caracterização do artista, ou seja, da pessoa enquanto intérprete de um papel, no teatro, no cinema, na televisão ou em outro meio de comunicação.

A violação desses direitos enseja, dentre outras cominações, a indenização de danos de caráter moral ou patrimonial suportados pelo lesado, que a Jurisprudência vem concedendo em concreto, para a recomposição de seu patrimônio, especialmente com introdução e a expansão dos veículos modernos de comunicação.

As primeiras decisões que detectamos, em pesquisa pelas Revistas especializadas estão in: RT 180/66. 394/166; e RF

41/297, 250/269. Mas, foi a partir da expansão da publicidade e da televisão e, de outro lado, melhor conscientização sobre os direitos em questão que começaram a surgir, com mais freqüência, discussões em Juízo, de que separamos as seguintes:

Capa de disco – Fotografia de artista – Falta de consentimento desta – Direito a indenização – Ação procedente (RT 497/87).

Álbum – 'Posters' de artistas de televisão – Objetivo comercial – Ação de indenização prodecente (RT 512/262).

Publicidade não autorizada – Aplicação do art. 666, X, do Código Civil – Ação procedente (RT 518/210).

Fotografia – Reprodução não consentida – Direitos que assistem à pessoa fotografada – Aplicação do art. 666, X do Código Civil (RT 519/230).

Artista – Reprodução de imagem – Falta de autorização – Indenização devida (RT 596/260).

...."

Direito da Personalidade – Violação – Ofensa ao direito à imagem e à honra – Reprodução romanceada em filme cinematográfico da vida de pessoa de notoriedade já falecida – Falta de autorização – Indenização devida (RT 619/175).

Uso, sem autorização, de nome artístico para a comercialização e fabricação de fonogramas – Caráter doloso do ato alegada homenagem ao intérprete – Inocorrência – Indenização devida (RT 600/69).

Direito de personalidade. Direito à própria imagem. Violação. Utilização de fotografia em editorial de revista destinado a determinada classe de consumidores, sem autorização do fotografado. Inadmissibilidade. Irrelevância de não haver lucro direto nessa divulgação. Indenização devida. Verba a ser arbitrada por perito ligado ao ramo publicitário (RT 629/106).

Direito à imagem – Fotografia – Publicidade comercial – Indenização (RTJ 104/801).

Indenização – Reprodução fotográfica – Exploração econômica da imagem sem autorização do titular – Ação procedente (RJTJSP 61/176).

Indenização – Uso da figura do autor na televisão sem seu consentimento – Indenização devida (RJTJSP 62/184).

Indenização – Reprodução não autorizada de fotografia de modelo para fins de publicidade – Inexistência de cláusula restritiva no contrato celebrado com autor – Irrelevância – Indenização devida – Ação procedente (RJTJSP 95/74).

Indenização – Fonograma – uso do nome de artista sem a sua autorização – Violação de direito da personalidade com repercussão patrimonial (RJTJSP 96/99).

Indenização – Reprodução fotográfica – Publicações efetuadas com caráter comercial – Autorização que não se presume e deve ser comprovada – Dano material configurado (RJTJSP 103/95)."

Fixado, portanto, que o direito violado, em questão, é aquele decorrente do uso indevido da imagem, ou, simplesmente, Direito de Imagem, trago à colação o objeto social da Apelante, conforme se depreende de fls. 39, *verbis* :

"Do objeto social.

A sociedade terá por objetivos a produção, comércio, importação e exportação de gravação de áudio e vídeo em discos fonográficos, fitas magnéticas ou quaisquer outros meios existentes ou que venham a existir, podendo participar em empreendimentos de terceiros como cotista ou acionista."

Ora, não consiste, o caso em exame, de nenhuma participação em empreendimentos de terceiros, uma vez que se trata de exercício de atividade empresarial própria e na exata conformidade do objeto social da Ré-Apelante.

Portanto, estou convencido de que o direito atacado não foi o de Arena, pois a violação se deu com a venda de material fonográfico, na conformidade do documento de fls. 20, o que constitui, portanto, a exata atividade empresarial da demandada – produção e venda de discos, fitas cassete, cd's, e afins – não ocorrendo a transmissão ou retransmissão de espetáculo desportivo público, com entrada paga, conforme preceitua o *caput* do artigo 100 da Lei 5.988/73, regente do então Direito de Arena.

Repiso, a questão trazida à baila não encerra nenhuma transmissão ou retransmissão de evento esportivo.

Assim sendo, caracterizado o ataque desautorizado à esfera jurídica de terceiros, praticado com o fito do lucro empresarial pela demandada, é que tenho como legítimas as partes litigantes, reconhecendo, aos demandantes, o direito de ação.

Aí, portanto, as razões que me fazem conhecer e negar provimento ao Agravo Retido de fls. 188/191.

Prosseguindo na Apelação, de enfrentar-se, agora, nova questão antecedente ao exame do mérito.

Da Denunciação da Lide

Apesar de aplicados os efeitos da revelia à segunda denunciada, que não contestou regularmente, acertada foi a decisão que deixou de condená-la, uma vez que o contrato celebrado, entre esta e a Ré-Apelante, teve como objeto, apenas, a cessão de direitos de produtor fonográfico, nada tendo em relação à causa em tela, que envolve o uso de imagem não autorizada.

Basta, portanto, a transcrição da Cláusula Primeira do contrato, fls. 44, onde o CEDENTE é E. P. Ltda. e CESSIONÁRIA a S. S. G. G. A. V. Ltda., *verbis*:

"PRIMEIRA – Neste ato o CEDENTE cede e transfere à CESSIONÁRIA, todos os direitos de produtor fonográfico relativos os disco intitulado DOCUMENTÁRIO, livre e desembaraçado de quaisquer ônus, transferindo-se à esta o direito exclusivo de publicar, comercializar ou utilizar por qualquer meio, forma ou processo de produção, inclusive sincronização, bem como o de autorizar ou proibir a sua reprodução, execução pública, transmissão e retransmissão ou outra forma de utilização no Brasil ou no exterior, sem limitação de quantidade."

Assim sendo, a avença entre a denunciada e a demandada se refere, tão-somente, a discos, e não a fotos.

Por oportuno, tão-somente, e tendo como referência a própria tese do Agravo Retido, anteriormente examinado, é que digo, a título ilustrativo, que aqui, neste caso, é que existem Direitos de Arena.

Foram esses, os de arena, os direitos assegurados na Cláusula Segunda do pacto entre E. e S.

Aliás, às fls. 428 do Recurso de Apelação, bem assim o dizem, *verbis*:

"É igualmente equivocada a decisão quando seu ilustre prolator afirma que não há no contrato menção a fotografia e/ou imagem dos autores, eis que está bastante claro na cláusula em tela que a 2ª denunciada declarou ter obtido quando da produção do produto fonográfico todos os 'direitos de arena e imagem cabíveis, e de fotógrafos', sendo certo que se a imagem dos autores está reproduzida na capa do LP referido na inicial, a eventual responsabilidade por danos por eles sofridos é da empresa produtora do fonograma E. P. S/C Ltda."

Evidente está que os direitos de arena, referentes às imagens cabíveis durante a transmissão e/ou transmissão do evento desportivo, pelo qual paga ingresso o público assistente, além daqueles direitos de **fotógrafo**, repiso, **não os de fotografados**, estavam garantidos no pacto firmado entre denunciante e denunciada.

Ora, a Ré-Apelante, digo eu, apenas para firmar posicionamento, **comercializou discos com fotografia não autorizada.**

Daí, é que mesmo aplicando os efeitos decorrentes da revelia, nenhuma condenação haverá de ser imposta à denunciada, por absoluta falta de vínculo obrigacional.

Pelas razões anteriormente expostas, é que tenho como certa a sentença que nessa mesma direção atuou.

Do Mérito

Envereda o mérito da Apelação por suas vertentes.

A primeira, na tentativa de evidenciar a ausência de responsabilidade e, a segunda, no afã de caracterizar a inocorrência de violação do direito de imagem.

As duas são infrutíferas.

Daí, como as discussões das questões antecedentes, contemplaram, em fartura, as teorias meritórias da Apelação, adoto aquelas razões já elencadas, evitando tornar o voto enfadonhamente repetitivo, uma vez que caracterizados, definitivamente, não apenas o direito de imagem que violou, bem como a sua responsabilidade no dano, o que enseja o respectivo dever de indenizar.

Finalmente, mantenho os honorários de advogado fixados no dispositivo, uma vez atendidos, tanto o livre convencimento do Juiz ao arbitrá-los, como os ditames legais que nortearam tal decisão, não sendo, esta última, infringente de qualquer norma legal a ensejar sua reforma.

Aí, portanto, as razões que me fazem conhecer do recurso de Apelação, apreciando, inicialmente, o Agravo Retido, às fls. 188/191, interposto contra a decisão que rejeitou a preliminar de ilegitimidade ativa, argüida em contestação, para, ao negar-lhe provimento, confirmar e manter a decisão originária.

Mantenho, também, a decisão que deixou de condenar a Segunda denunciada a indenizar a Apelante, em regresso.

No mérito, nego provimento à Apelação, confirmando e mantendo a sentença, por seus próprios e jurídicos fundamentos.

É como voto.

Rio de Janeiro, 21 de março de 2000

Desembargador RONALD VALLADARES
Presidente

Desembargador GILBERTO RÊGO
Relator

FOTOGRAFIA

EMENTA – DIREITO DE IMAGEM – VALOR DA INDENIZAÇÃO POR DANO MORAL DECORRENTE DA PUBLICAÇÃO NÃO AUTORIZADA DE FOTOGRAFIA DE ARTISTA DE RENOME NACIONAL – RECURSO ESPECIAL PELE ALÍNEA *C*.

Não cabe o recurso especial se o aresto recorrido e o acórdão paradigma fixaram indenizações sob critérios diversos, tomando em consideração os fatos de cada situação litigiosa.

Invocação do art. 52 da Lei 5.250/67, pelo aresto recorrido, apenas como parâmetro para mensurar o dano moral, parâmetro considerado adequado nas circunstâncias do caso concreto, em apreciação não passível de censura na via augusta do recurso especial.

Recurso especial não conhecido.

Acórdão

(STJ)
(Rec. Esp. 19.151-RJ) (92.0004399-2)
Relator: O Exmo. Sr. Ministro Athos Carneiro
Recorrente: M. P. G.
Recorrido: E. A. S/A
(DJ de 17-12-92)

Vistos e relatados os autos em que são partes as indicadas, decide a 4ª Turma do Superior Tribunal de Justiça, por unanimidade, não conhecer do recurso, na forma do relatório e notas taquígrafas precedentes que integra o presente julgado.

Participaram do julgamento, além do signatário, os Srs. *Ministros Sálvio de Figueiredo, Barros Monteiro e Bueno de Souza.*

Custa, como de lei.

Brasília – DF, 17 de novembro de 1992
(data do julgamento)

Ministro Athos Carneiro
Presidente e Relator

Relatório – O Exmo. Sr. Athos Carneiro:

Cuida-se de ação de indenização por danos morais e materiais ajuizada por M. P. G. contra E. A. S/A, alegando a autora que preposto da ré tirou fotografia sua quando de apresentação pública da peça teatral. *Na S...*, na qual aparecia despida, mesmo após a advertência de que fotografias eram ali proibidas; mais tarde, veio publicá-la indevidamente na revista *C...*, precedida de dizeres sensacionalistas na capa da referida revista e na reportagem sobre a peça (fls. 06/07); pugna por indenização pecuniária pelo uso indevido de sua imagem e por danos morais pela repercussão negativa, dela como atriz que a publicação da fotografia e os comentários maliciosos da revista causaram junto ao público. A demanda foi julgada procedente em parte no Juízo monocrático, condenada a E. A. a uma indenização englobando ambos os pedidos, fixado o *quantum* "na mesma base do valor cobrado pela autora, conforme contrato de fls. 80/84", realizado entre a atriz e a revista P..., da E. A. S/A, em 1986, valor devidamente atualizado (fls. 133/137).

A Eg. 4ª Câmara Civil do Tribunal de Justiça do Rio de Janeiro, apreciando as apelações de ambos litigantes, decidiu, à unanimidade, dar parcial provimento aos apelos: ao da E. A., para reduzir o montante relativo ao dano material a 20% do *quantum* estipulado na sentença, e ao da autora, para condenar a ré à indenização por dano moral, arbitrada em valor de 100 salários mínimos da época do pagamento. O acórdão está assim ementado:

"Sentença – Nulidade – Não se reconhece quando a peça se encontra *quantum satis* fundamentada – Ação indenizatória – Uso indevido de imagem – Arts. 49, I, *f*, da Lei 5.988/73 e 5º, X, da CF.
Fotos publicadas sem o consentimento de conhecida artista, tiradas – apesar de proibição expressa – em meio a peça teatral em que a referida artista aparecia *despida*. Direito que tem a autora de ser indenizada pelos danos material e moral sofridos, tomando-se por base, para a fixação do valor do primeiro, contrato pela artista anteriormente firmado, e para o segundo, o valor máximo da multa previsto na Lei de Imprensa" (fls. 220).

Interpuseram recursos extraordinários e especiais a E. A. S/A e M. P. G. A Il. Presidência do tribunal de origem, em fundamentada decisão (fls. 229/237), não admitiu os apelos da 1ª recorrente, por não ser parte na relação processual e faltar-lhe interesse jurídico de agir como terceiro interessado; foram, outrossim, admitidos os recursos da 2ª recorrente.

No apelo especial, com arrimo à alínea e do permissor constitucional, alegou a recorrente dissídio com v. aresto do TJ-SP, *in RT* 616/46-47. Sustenta, em suma, que desde a inicial formulou seu pedido "baseada no direito à própria imagem, cuja proteção erigiu-se a nível constitucional", conforme o art. 5º, X, da CF. Considera não admissível a aplicação de leis outras que não cuidam da violação do direito à imagem, aduzindo que o v. acórdão recorrido, "além de contrariar o entendimento doutrinário a respeito, dá interpretação divergente às normas relativas à fixação de valor indenizatório contidas na Lei 5.250/67 (Lei de Imprensa)". Argumentou, outrossim, que, "com relação ao *quantum* a ser fixado como indenização do dano moral, é óbvio que, se por um lado não há como ele ser inferior ao fixado para o dano material, há que levar em consideração não só os fatos e razões já citados, mas também o caráter punitivo de que é necessário se revestir a condenação". Pleiteia seja fixada a indenização pelos danos morais em quantia equivalente ao valor integral do contrato utilizado como parâmetro pelas instâncias ordinárias, isto em conformidade com cláusula penal constante daquele pacto (fls. 240/262).

Quando da admissão do apelo especial, asseverou o Ilustre Desembargador 3º Vice-Presidente do pretório *a quo*, *verbis*:

"Com respeito ao recurso especial da 2º recorrente, limita-se a impugnação a sustentar a existência de dissídio jurisprudencial entre a decisão recorrida e o acórdão colacionado, prolatado pelo Egrégio Tribunal de Justiça do

Estado de São Paulo, cuja cópia se encontra à fl. 263 dos autos, dissenso este que se caracteriza no particular aspecto do modo de fixação do dano moral com fundamento na Lei de Imprensa: enquanto a decisão recorrida entende que o limite máximo é de 100 salários mínimos, a decisão confrontada considera que, em se tratando de conduta dolosa, não existe o referido limite para a indenização do dano moral, só aplicável quando se tratar de atividade culposa.

Existe, pois, a divergência interpretativa. Nem se objete que a matéria não foi prequestionada pela 2ª recorrente e, dessa forma, incidente o óbice da Súmula 282 do STF, por analogia.

É que essa questão foi suscitada na própria decisão recorrida, tratando-se de questão nova, motivo por que não há falar em prequestionamento.

Desse modo, admissível é também o apelo especial interposto pela 2ª recorrente, em razão da não-existência de óbice regimental" (fl. 336).

Contra-razões às fls. 322/325.

É o relatório.

Voto – **O Exmo. Sr. Ministro** Athos Carneiro **(Relator):**

Os fundamentos do v. acórdão recorrido, Relatora a Em. Desembargadora *Áurea Pimentel Pereira*, são os seguintes:

"É incontroverso nos autos que a referida foto foi tirada quando da representação feita para a imprensa da peça em questão, tendo ficado esclarecido, através de depoimento prestado pela testemunha da autora, ouvida às fls. 130 e verso, que por ocasião daquela representação foi o público advertido de que as fotografias estavam proibidas.

A proibição das fotos em parte confirmada pela testemunha da ré, que, quando prestou depoimento à fl. 131, esclareceu terem sido os fotógrafos avisados de que no segundo ato ditas fotos não seriam permitidas.

As fotos foram, portanto, tiradas em espetáculo público em que havia, contudo, proibição expressa no sentido de que fotos fossem realizadas.

O abuso, portanto, é inconteste, pois, segundo a norma art. 49, I, *f*, da Lei 5.988/73, constitui ofensa ao direito de imagem a reprodução de foto sem o consentimento da pessoa retratada, com tal direito não podendo ser confrontado aquele outro que tem a imprensa de noticiar os acontecimentos públicos.

Mesmo antes do advento da Constituição Federal em vigor, tal ofensa dava lugar à obrigação de indenizar, obrigação essa que atualmente se encontra explicitada no art. 5º, X, da Lei Maior.

Segundo a norma constitucional sobredita (art. 5º, X), indenizáveis são os danos material ou moral, sendo certo que, como vem a jurisprudência entendendo, mesmo naqueles casos em que os prejuízos materiais não hajam sido comprovados, o simples uso inconsentido da imagem já configura dano moral passível de indenização, que se tem arbitrado utilizando como parâmetro os valores fixados na Lei 5.250/67 (Lei de Imprensa).

Assim, no caso dos autos, mesmo tendo presente que os comentários maliciosos que a autora considerou ofensivos à sua honra e dignidade – que podem ser lidos à fl. 7 – se referem a outros artistas que participaram do espetáculo teatral e não à autora, forçoso é reconhecer que o uso puro e simples da imagem da mesma autora sem o consentimento desta já caracterizou o dano moral, que deve ser indenizado.

Quanto aos prejuízos materiais pela autora experimentado, também estão caracterizados, provado que a mesma autora fez comércio das fotos de sua nudez, já tendo anteriormente celebrado com a E. A. S/A contrato, através do qual autorizou a publicação de fotos de tal natureza mediante pagamento de certo preço.

Tal tipo de contrato, embora não ofenda a lei, dá bem notícia do estágio de desagregação moral da sociedade em que vivemos.

Pelas fotos (inúmeras) para as quais a autora anteriormente pousou para a revista P..., publicada pela E. A. S/A (fls. 108/109), a mesma autora concordou em receber, em 1986, Cz $ 3.000.000,00.

No caso dos autos, apenas duas fotos foram publicadas, uma na capa e outra em folha interna, embora com sensacionalismo, decorrente das legendas aplicadas.

Em face do exposto, levando em conta a circunstância acima, impõe-se a redução do valor da indenização pelo dano material a 20% da quantia ajustada no contrato de fls. 80/84, mantida a correção monetária preconizada na sentença, além dos juros legais.

Quanto ao dano moral decorrente do uso inconsentido da imagem, justo de afigura o arbitramento da indenização em 100 salários mínimos, tomando-se como paradigma o maior valor de multa previsto na Lei 5.250/67.

Não se vê fundamento, contudo, para concessão de verbas maiores para a indenização dos danos material e moral, ou mesmo para a elevação da verba honorária" (fls. 223/225).

O apelo extremo veio arrimado apenas no dissídio jurisprudencial, pretendendo a recorrente o confronto com o aresto do TJ-SP, cuja ementa é a seguinte:

"Responsabilidade civil – Dano moral – Indenização – Infração capitulada na Lei de Imprensa – Dolo intenso – Fixação da verba no máximo previsto para os casos de culpa – Inadmissibilidade – Vontade deliberada de ofender – Inexistência de limite de valor – Majoração determinada – Aplicação do art. 53, I e II, da Lei 5.250/67 – Declaração de voto vencido.

Inexiste limite prefixado à indenização por dano moral resultante de infração capitulada na Lei de Imprensa quando se trata de conduta dolosa. Se a quantia for estipulada no máximo previsto para os casos de ação culposa, deve ser majorada, em razão da vontade deliberada de ofender, que distingue as duas situações" (fl. 263).

Apreciando a decisão paradigma, vê-se que cuidou de ação de indenização por danos morais "com esteio na Lei de Imprensa", decorrentes de *ofensas pessoais diretas* divulgadas mais de uma vez em demonstração de *dolo intenso*. No caso ora em julgamento, todavia, os contornos da lide apresentam-se outros. Houve a publicação não permitida de fotografia da recorrente desnuda, pelo que veio ela a postular, com fulcro no art. 5º, X, da CF, que se condenasse a ora recorrida "ao pagamento de uma indenização pelo *uso indevido da imagem* da suplicante" (fl. 03), pretendendo, através do recurso especial, a modificação, para maior, da verba indenizatória vinculada ao dano moral, arbitrada no acórdão com remissão ao maior valor da multa prevista na Lei 5.250/67, art. 52.

Impende sublinhar que, diante do alto grau de subjetivismo inerente inafastavelmente à fixação de indenização por danos morais, o v. aresto impugnado buscou a Lei 5.250/67 apenas como parâmetro, um mero paradigma, pelo entendimento de que o valor ali encontrado se ajustava às circunstâncias de fato nele apresentadas. O acórdão recorrido não adotou a tese de que a indenização pelo damo moral decorrente do uso indevido de imagem deva necessariamente se conter nos limites referidos no art. 52 mencionado. Destarte, não terá contrariado a tese majoritária no acórdão do TJ-SP, no sentido de que nos casos de dolo "inexiste limite prefixado à indenização por dano moral". Um e outro acórdão operaram sobre suportes fácticos diversos e, inclusive, não cabe a este Superior Tribunal de Justiça, na via do recurso extremo, apreciar os fatos da causa a fim de aquilatar se o montante da indenização foi ou não adequadamente arbitrado. Não vemos, pois, comprovado dissídio entre a tese do acórdão e a tese do aresto colacionado pela recorrente.

Pelo exposto, *não conheço* do Recurso Especial.

Conforme o art. 27, da Lei 8.038/90, determino a oportuna remessa dos autos ao colendo Supremo Tribunal Federal, tendo em vista a admissão do recurso extraordinário.

É o voto.

Voto – Ministro Sálvio de Figueiredo:

Nos últimos tempos, é notório que cada vez mais se aperfeiçoam os meios de defesa dos direitos da cidadania. Ao lado dos instrumentos que protegem os direitos civis e políticos, surgiram outros que dizem respeito aos direitos econômicos, sociais e culturais. Recentemente, estudos de ponta voltam-se para uma outra geração de direitos fundamentais, inerentes ao meio ambiente sadio e ao desenvolvimento.

Neste contexto, se insere o chamado direito à personalidade com proteção à imagem, à honra, à intimidade, dentre outros aspectos da convivência humana. Dentro desse quadro está a proteção à imagem como direito da personalidade, que no caso concreto, consoante acolhido nas instâncias ordinárias, mereceu condenação com imposição de sanções tanto de ordem material, como de ordem moral.

Tenho dúvidas se o *quantum* dessa indenização representa de forma satisfatória a violação ao direito da recorrente, a atriz M. P.

Não chego ao ponto de equiparar a postulação indenizatória ao *quantum* obtido de forma contratual pela recorrente em uma outra publicação, considerando as circunstâncias que envolveram cada uma dessas publicações e a repercussão que delas adveio.

No entanto, consoante salientou V. Exª, Senhor Presidente, as questões de fato não se sujeitam ao exame desta Corte e não está este tribunal autorizado à apreciação desse aspecto. O seu exame diz respeito às teses jurídicas na interpretação do Direito federal infraconstitucional. Nesse ângulo, tenho também, na mesma linha exposta por V. Exª, que não há em tese a limitação da indenização pelo dano moral à reparação prevista na Lei de Imprensa.

No caso concreto, pelo que deduzi do relatório do voto de V. Exª, bem como da sustentação do ilustre advogado da recorrente, não me pareceu também que o acórdão impugnado tenha adotado a tese da limitação, mas sim se balizado naquele *quantum* para chegar ao montante indenizatório do dano moral.

Com tais considerações, acompanho o Senhor Ministro-Relator, não conhecendo do recurso.

VOTO – **O Sr. Ministro** BUENO DE SOUZA:

Senhor Presidente, pelas mesmas razões, não conheço do recurso, embora admita a consistência dos argumentos aduzidos pela recorrente, que, entretanto, se recomendam à edição de texto legal hábil a estabelecer parâmetros apropriados para casos como o dos autos. São fatos relativamente freqüentes que estão, portanto, a merecer disciplina legal adequada. No caso, o v. acórdão recorrido se utilizou de critério análogo, que não consente diversa interpretação: não há texto legal dado como contrariado e o precedente não é aproveitável, por divergências que sobressai das respectivas bases empíricas.

Fico de acordo com o Relator.

Decisão da 4ª Turma do STF – "A Turma, por unanimidade, não conheceu do recurso".

(Acórdão publicado
In *Direito Autoral, Série Jurisprudência*.
Org. Sueli de Morais Rego, Carlos Sampaio,
Paulo Sérgio da Costa Lins e Regina Célia de Almeida da Silva.
Editora Esplanada, Adcoas, p. 100/106.)

RESPONSABILIDADE OBJETIVA DO ESTADO

ILEGITIMIDADE *AD CAUSAM* – FAZENDA DO ESTADO – NÃO OCORRÊNCIA – ATO DE CARTORÁRIO – FUNÇÃO DELEGADA – RESPONSABILIDADE SOLIDÁRIA E OBJETIVA – MANUTENÇÃO DO ENTE ESTATAL NO PÓLO PASSIVO DA DEMANDA – PRESCRIÇÃO – NÃO OCORRÊNCIA – DEMANDA PROPOSTA ANTES DE DECORRIDO O PRAZO PRESCRICIONAL – RESPONSABILIDADE CIVIL – ATO DE CARTORÁRIO. LAVRATURA DE PROCURAÇÃO COM ASSINATURA FALSA – RESPONSABILIDADE OBJETIVA – PROVA DO NEXO CAUSAL ENTRE A AÇÃO E O EVENTO DANOSO – DESNECESSIDADE DO ELEMENTO SUBJETIVO – DEVER DE INDENIZAR CARACTERIZADO – INDENIZAÇÃO CABÍVEL – LIMITAÇÃO INADMISSÍVEL – SOLIDARIEDADE QUE IMPLICA SEREM TODOS DEVEDORES DO VALOR INTEGRAL DA INDENIZAÇÃO – ART. 1796 DO CÓDIGO CIVIL – BENEFÍCIO QUE SE APLICA EXCLUSIVAMENTE AOS HERDEIROS DOS DEVEDORES FALECIDOS – RECURSOS NÃO PROVIDOS (TJSP – 1ª CÂMARA DE DIREITO PÚBLICO; APELAÇÃO CÍVEL 159.914-5/5-00 – SÃO CARLOS – SP; RELATOR DESEMBARGADOR ROBERTO BEDAQUE; J. 25/6/2002; V.U.).

Vistos, relatados e discutidos estes autos de Apelação Cível 159.914-5/5-00, da Comarca de São Carlos, em que é recorrente o Juízo *Ex Officio,* sendo apelantes N. F. e outros e espólio de C. P. S., representando pela inventariante L. A. R. J. S. e Fazenda do Estado de São Paulo e apelados G. P. e sua mulher:

ACORDAM, em Primeira Câmara de Direito Público do Tribunal de Justiça do Estado de São Paulo, proferir a seguinte decisão: "negaram provimento aos recursos, v.u. Fará declaração de voto vencedor o Exmo. Sr. Des. Revisor", de conformidade com o relatório e voto do Relator, que integram este acórdão.

O julgamento teve a participação dos Desembargadores Demóstenes Braga (Presidente, sem voto), Scarance Fernandes e Carlos de Carvalho.

São Paulo, 25 de junho de 2002

ROBERTO BEDAQUE
Relator

1 – Demanda com pedido condenatório, versando indenização decorrente de anulação de contrato de compra e venda de imóvel, foi parcialmente acolhida pela r. sentença de fls. 369/376, cujo relatório se adota.

Apelam os co-réus N. F. e outros, alegando conluio entre os autores e o adquirente do imóvel, pois todos tomaram conhecimento da falsidade da procuração antes do registro da escritura de compra e venda. Pleiteiam, ainda, a condenação dos autores por litigância de má-fé.

Apela também o co-réu espólio de C. P. S., sustentando a irresponsabilidade do tabelião pela lavratura da procuração, pois, adotadas todas as cautelas necessárias à realização do ato.

Por fim, interpôs apelação a Fazenda do Estado, reiterando o agravo retido contra a decisão que rejeitou a preliminar de ilegitimidade passiva e não reconheceu a alegação de prescrição. No mérito, considera que o Estado não é responsável por ato praticado por funcionário de serventia do foro extrajudicial. E, ainda que fosse, acrescenta, a responsabilidade seria subjetiva. Argumenta, ainda, com a teoria do risco administrativo e com a culpa exclusiva da vítima. Em caráter alternativo, pode seja a responsabilidade limitada ao valor da meação do cônjuge causador do dano.

Recursos tempestivos, não respondidos e bem processados.

Sentença sujeita a reexame necessário.

É o relatório.

2 – Os notários e oficiais de registro respondem pessoal e objetivamente pelos danos causados a terceiros decorrentes da atividade por eles desenvolvida (Lei 8.935, de 18/11/1994, art. 22).

Por isso, a alegação de que o oficial agiu com a devida diligência não afasta o dever de indenizar. Trata-se de responsabilidade objetiva: "se a entidade estatal é sempre civilmente responsável, não haveria razão para excluir do sistema o delegado da prestação estatal. A outorga é dos serviços e de seu ônus, não somente da execução e emolumentos. Ao assumir essa função delegada, o notário e o registrador inserem-se na administração pública e estão subordinados a seus pilares: o princípio da supremacia do interesse público sobre o privado e o princípio da indisponibilidade pela Administração dos interesses públicos" (cfr. JOSÉ RANATO NALINI, *O consumidor de serviços cartorários e a responsabilidade civil dos notários e registradores, in Serviços Notoriais e de Registro*, 1º Simpósio Nacional de Serviços Notoriais e Registrais, editado por Associação dos Serventuários da Justiça do Estado de São Paulo e Associação dos Notários e Registradores do Estado de São Paulo).

Sendo objetiva a responsabilidade, dispensa-se o elemento subjetivo (dolo ou culpa) bastando existência de nexo causal entre a ação do cartorário e o evento danoso.

Nada existe nos autos sobre eventual conluio entre os autores e terceiro, o que poderia obstar o direito à indenização. Aliás, os próprios herdeiros do tabelião reconheceram o dever a eles imposto, tanto que se dispuseram a reparar os danos causados (fls.245/246).

Na medida em que a função notarial é delegada, a responsabilidade pelo ilícito, solidária e objetiva, também é do Estado (CF, art. 37, § 6º, nesse sentido: AgRg em RE 209.354-PR, STF, 2ª T., Rel. Min. Carlos Velloso, j. 2/3/1999, v.u., *in* DJU de 16/4/1999; RE 175.739-SP, STF, 2ª T., Relator: Ministro Marco Aurélio, j. 26/10/1998, *in* DJU de 26/2/1999, v.u.).

Daí ser infundada a alegação de ilegitimidade passiva deduzida pela Fazenda Pública. Tendo em vista a solidariedade, pode o lesado incluir no pólo passivo da demanda indenizatória, fundada em ato praticado por notário, também o Estado. "Como da mesma forma poderia fazê-lo em relação ao responsável direto, ou a ambos, conjuntamente. Afinal, a norma constitucional que estabelece a responsabilidade objetiva do Estado, nitidamente posta para proteger os administrados, não cria quaisquer restrições nesse campo da legitimidade passiva". (EI nº 182.261-1, SP, TJSP, 3ª Câmara Direito Público, Relator: Desembargador Roberto Bedran, j. 28/9/1993, *in* JTJLEX 151/119; v. tb. AI 56.591-5, Praia Grande, TJSP, 8ª Câm. Direito Público, Relator: Desembargador Celso Bonilha, j. 5/11/1997; Apelação Cível 728.203-3, Presidente Prudente, 1º TACSP, 12ª Câm. Especial Jul/1997, 4/8/1997, v.u.).

A responsabilidade civil em questão é objetiva, ou seja, independe de culpa. Verificado o nexo entre o dano injusto e a atuação, ainda que regular, do ente estatal, configura-se o dever de indenizá-lo, salvo se sua ocorrência se dever exclusivamente à conduta culposa do próprio prejudicado, a caso fortuito ou à força maior (Constituição Federal, art. 37, § 6º, cfr. YUSSEF SAID CAHALI, *Responsabilidade Civil do Estado*, RT, 1982, pp. 33 e ss.; WEIDA SANCANER BRUNINI, *Da Responsabilidade Extra-contratual da Administração Pública*, RT, 1981, pp. 61, 69 e ss.; v. tb. Apelação Cível 891.806-9, São Paulo, 1º TACSP, 12ª Câmara Especial Jan/2000, j. 3/2/2000, v.u.; Apelação Cível 840.326-7, Piraju, 1º TACSP, 12ª Câm. Especial Jul/1999, j. 18/8/1999, v.u.; Apelação

Cível 814.040-9, São Paulo, 1º TACSP, 12ª Câmara, j. 18/2/1999, v.u.; RE 206.711-RJ, STF, 1ª T., Relator: Ministro Moreira Alves, j. 26/3/1999, *in* DJU de 25/6/1999, p. 29; RE 178.806-RJ, STF, 2ª T., Relator: Ministro Carlos Velloso, j. 8/11/1994, *in* DJU de 30/6/1995, p. 20.485).

O afastamento da responsabilidade da Fazenda Pública somente é possível se ficar demonstrado que o evento ocorreu por ato imputável apenas aos apelados, sem qualquer contribuição da ré ou de seu funcionário, o que impede a configuração de dano injusto (cfr. CAHALI, *op. cit.*, p. 41; RE 109.615-RJ, STF, Relator: Ministro Celso de Mello, j. 28/5/1996, *in* DJU de 2/8/1996, p. 25.785).

Poderia a apelante, portanto, eximir-se da responsabilidade se demonstrasse culpa exclusiva da apelada. Trata-se de fato impeditivo ou modificativo do direito à reparação dos prejuízos (cfr. WEIDA ZANCANER BRUNINI, *op. cit.* p. 70), que não restou caracterizado (Código de Processo Civil, art. 333, II).

Também seria admissível a atenuação da responsabilidade, se demonstração houvesse de que a apelada contribuiu culposamente, ainda que não de forma exclusiva, para verificação do evento danoso (cfr. AGUIAR DIAS, *Da Responsabilidade Civil*, vol. II, 6. ed., pp. 368 e ss.; YUSSEF CAHALI, ob. e. cit.).

Nada existindo a respeito da culpa exclusiva ou concorrente da vítima, subsiste íntegro o dever de indenizar do Estado (Apelação Cível 997.506-0, São Paulo, 1º TACSP, 12ª Câmara de Férias de 7/2001, j. 16/8/2001, v.u.).

Fica afastada a prescrição argüida pela Fazenda Pública. Os autores propuseram a demanda em 19/2/1997, para ressarcimento de prejuízo sofrido em 26/6/1996 (fls. 51). A interrupção se deu bem antes de findo o prazo prescricional.

Por fim, a limitação da indenização pretendida pela Fazenda é inadmissível. A responsabilidade solidária implica serem todos devedores do valor integral da obrigação. O benefício previsto no art. 1.796 do Código Civil refere-se exclusivamente aos herdeiros devedores falecidos (Código Civil, art. 911).

3 – Assim, nega-se provimento aos recursos.

Roberto Bedaque
Relator
(Publicado no Boletim da Associação dos Advogados de São Paulo nº 2.298.)

Responsabilidade Objetiva do Estado em Atropelamento

Apelação Cível e Reexame Necessário – Responsabilidade civil em acidente de trânsito – Atropelamento – Responsabilidade objetiva do Estado – Não comprovada a culpa exclusiva da vítima – Comprovada a culpa exclusiva do servidor público, cabe ao Estado o dever de indenizar.

O contexto probatório demonstra a culpa exclusiva do preposto do Estado, o qual não obrou com as cautelas necessárias, restando o dever de indenizar.

Apelo improvido e sentença mantida em reexame necessário. Unânime.

Apelação e reexame necessário: Décima Segunda Câmara Civil
Nº 700031110871 – Porto Alegre
Apresentante: Juiz de Direito da 7. Faz. da Comarca de Porto Alegre
Apelante: Estado do Rio Grande do Sul
Apelado: V. S.
Interessado: U. Q. S.

Acórdão

Vistos, relatados e discutidos os autos.

Acordam os integrantes da Décima Segunda Câmara Cível do Tribunal de Justiça do Estado, à unanimidade, em improver o apelo e manter a sentença em reexame necessário.

Custas na forma da lei.

Participaram do julgamento, além da signatária, os eminentes Senhores, Desembargador Orlando Heemann Júnior e Desembargadora Naele Ochoa Piazzeta.

Porto Alegre, 05 de junho de 2003.

Dra. Agathe Elsa Schimidt da Silva
Relatora

Relatório

Trata-se de apelação interposta pelo Estado do Rio Grande do Sul, irresignado com a sentença proferida nos autos da ação sumaríssima de indenização e reparação de danos materiais, morais e lucros cessantes conseqüente a acidente de trânsito, proposta por V. S., que julgou parcialmente procedente o pedido para condenar o Estado a pagar ao autor o valor correspondente a 7,3 salários mínimos, acrescida de juros legais desde a citação, pela indenização dos danos pessoais sofridos no atropelamento ocorrido em 23.05.97. Condenou, ainda, ao pagamento das custas processuais proporcionais e honorários advocatícios arbitrados em 10% do valor da condenação. Tendo havido sucumbência por parte do autor, condenou-o ao pagamento das custas por metade e de honorários do procurador do Estado, arbitrados em 2 URHs, suspensa a exigibilidade em face do benefício da AJG. Por fim, julgou procedente a denunciação à lide, reconhecendo o direito de regresso do Estado frente ao denunciado, pelo total da condenação e condenou o denunciado ao pagamento de honorários ao procurador do denunciante em 2 URHs, suspensos em face do benefício da AJG.

Nas razões, alega o apelante que está demonstrado nos autos a culpa exclusiva do autor no evento danoso. Diz que a vítima havia ingerido bebida alcoólica, o que teria contribuído para o resultado, e que ao atravessar a via não tomou os cuidados necessários. Alega, ainda, que a teoria da responsabilidade objetiva do Estado só incide quando a pessoa jurídica de direito público estiver agindo dentro do seu *jus imperii*, não sendo o caso dos autos, no qual está trafegando pelas vias públicas como qualquer outro ente, não podendo ser penalizado objetivamente, necessitando apresentar prova cabal da culpa exclusiva do servidor público. Requer o provimento do recurso (fls. 216-21).

Não foram oferecidas as contra-razões.

O parecer do Ministério Público em segundo grau é pelo improvimento do apelo (fls. 227-30).

Os autos subiram conclusos a esta Corte.

É o relatório.

Voto

Não merece provimento o recurso, devendo ser mantida a sentença *a quo*.

Trata-se de acidente de trânsito com atropelamento, envolvendo um pedestre e um veículo oficial da Brigada Militar. Segundo narra a inicial, o autor estava efetuando a travessia da RS 040, quando, na altura da parada 56, após completar a travessia até o canteiro central, o automóvel da Polícia Militar, em alta velocidade, bateu com seu espelho direito no autor, o qual foi jogado ao solo.

Alega o apelante culpa exclusiva da vítima no evento danoso. Porém, não é o que se extrai dos autos.

De acordo com o contexto probatório, a conduta da vítima em nada contribuiu para a ocorrência do dano, restando incontroversa a culpa do policial militar.

A vítima foi colhida sobre a pista da esquerda, considerando o sentido em que trafegava a viatura dirigida pelo PM U., próximo ao canteiro central; inclusive, em seu depoimento, o policial relata de forma clara como o fato ocorreu (fls.159-63). Disse que não viu o autor, que também não deve ter visto a viatura.

A testemunha presencial e também policial militar, que estava na viatura, C. D. da S. L., confirma que havia um veículo à frente da viatura que deu o sinal para ingressar no supermercado, quando então o motorista da viatura "*desviou para o lado da esquerda quando pegou o cidadão*". Afirma, ainda, em seu depoimento que a vítima estava *próxima ao canteiro* (fl. 170).

Por outro lado, as testemunhas são uníssonas em afirmar que o atropelamento se deu próximo à parada de ônibus, o que se exige mais cuidado e atenção redobrada dos motoristas.

Portanto, como se vê, a prova oral colhida é no sentido de que houve culpa no agir do condutor da viatura. Não resta dúvida alguma que o motorista agiu de forma imprudente ao dirigir o veículo em avenida de trânsito intenso de pedestres, mormente pela presença de um supermercado nas imediações.

Por fim, quanto à alegação que a vítima estaria alcoolizada, em nada retira a culpabilidade do motorista pelo evento danoso, bem como nenhuma relevância há com o fato em si. O estado de a vítima encontrar-se alcoolizada em nada contribuiu para o resultado.

Sem dúvida, o acidente foi ocasionado por agente do Estado. A responsabilidade é objetiva, nos termos do art. 37, § 6º, da Constituição Federal. Era ônus do requerido demonstrar a culpa concorrente ou exclusiva da vítima, o que não ocorreu no processo.

Assim, demonstrada a culpa do servidor público, cabe ao Estado a responsabilização pelo ato de seu preposto.

Quanto aos danos e sua escassez probatória, bem analisado pela juíza *a quo,* restando mantida a decisão de provimento parcial e o *quantum* da indenização.

Voto, pois, pelo improvimento do apelo e pela confirmação da sentença, em reexame necessário.

Desembargador Orlando Heemann Júnior (revisor) – De acordo.

Desembargadora Naele Ochoa Piazetta – De acordo.

Julgador(a) de 1º Grau: Denise Oliveira Cezar.

Desconsideração da Personalidade Jurídica

I. Agravo de Instrumento

Agravo de Instrumento – Ação de Execução de Título Judicial – Pretensão de penhora de créditos da executada no comércio – Distribuição e comercialização dos produtos realizada por uma terceira empresa do mesmo grupo econômico da executada – Abuso da personalidade jurídica comprovado – Desconsideração da personalidade jurídica – Possibilidade.

Verificado o abuso da personalidade jurídica, que se caracteriza pelo desvio de finalidade ou pela confusão patrimonial, possível é a desconsideração da personalidade jurídica.

Hipótese em que a empresa integra o mesmo grupo econômico das outras empresas recorridas, e está sendo utilizada por estas como um escudo contra a pretensão executória do credor.

Deram Provimento ao Agravo de Instrumento

Agravo de Instrumento: Décima Segunda Câmara Civil
Nº 70005899083 – Porto Alegre
Agravante: U. P. A.
Agravado: O. I. S/A D. S.

ACÓRDÃO

Vistos, relatados e discutidos os autos.

Acordam os Desembargadores integrantes da Décima Segunda Câmara Civil do Tribunal de Justiça do Estado, à unanimidade, em dar provimento ao agravo de instrumento.

Custas na forma da lei.

Participaram do julgamento, além da signatária, os eminentes Senhores, Desembargador Orlando Heemann Júnior, Presidente e Desembargador Carlos Eduardo Zietlow Duro.

Porto Alegre, 26 de junho de 2003.

Desembargadora MATILDE CHABAR MAIA
Relatora

RELATÓRIO – DESEMBARGADORA MATILDE CHABAR MAIA (RELATORA)

U. P. A. – ... interpôs o presente *Agravo de Instrumento*, com pedido de concessão de efeitos suspensivo, contra a decisão judicial que indeferiu seu pedido de desconsideração da personalidade jurídica da empresa M. In. C. Ltda., bem assim sua inclusão no pólo passivo da Execução de Título Judicial que move contra O. I. S/A – ... e outros.

Narra ter firmado acordo judicial com as ora Agravadas (fls. 16-19). Todavia, descumprido o acordado postulou o prosseguimento da execução (fls. 21-25).

As executadas nomearam à penhora bens móveis, os quais não foram aceitos pela credora por entender que estes só têm utilidade para a industrialização de óleo de soja.

A exeqüente, por sua vez, nomeou à constrição créditos das devedoras existentes junto às empresas B. S. A., C. Z. e S. D. B. S. A., até o valor de R$ 78.000,00, pedido este indeferido pelo Juízo *a quo* (fl. 31).

A decisão interlocutória foi objeto do Agravo de Instrumento nº 70002530921, o qual foi julgado procedente por esta colenda 12ª Câmara Civil (fls. 41, 42-45 e 61-62).

Remetidos ofícios às empresas acima referidas, informaram inexistirem créditos em favor das executadas.

Malgrado a informação vinda aos autos, constatou a exeqüente que os supermercados em questão vendem produtos fabricados pelas executadas – "C..." e "S..." –, motivo pelo qual postulou a expedição de novos ofícios para que os referidos estabelecimentos comerciais declinassem a razão social da pessoa jurídica que lhes fornecia tais produtos.

A S., a C. Z. e a B. S/A informaram que os produtos são adquiridos da empresa M. I. C. E. Ltda.

Às fls. 65-76, a exeqüente, aduzindo que a O. I. S/A detém 99,9% das cotas sociais da M. – e, portanto, que a primeira se traveste com personalidade jurídica da segunda –, postulou a penhora dos créditos existentes e futuros em nome desta, junto às empresas Z. e B.

Na petição de fls. 78-90, também postulou a expedição de ofício à S. e ao C. para que retenham os créditos presentes e futuros em nome da empresa M. Ainda, requereu a inclusão da M. no pólo passivo da execução.

Após oportunizada manifestação das executadas (fls. 82-84), o Juízo de Primeiro Grau indeferiu o pedido, nestes termos (fl. 85):

"Vistos...

I – Trata-se de execução de acordo homologado onde por várias vezes deferiu-se medidas para satisfação do crédito da parte autora. As medidas na essência foram inócuas, considerando o débito.

II – Não é cabível a despersonificação da pessoa jurídica pois inexiste qualquer prova de fraude a justificar a medida. Indefiro a alteração do pólo passivo.

III – Cabível, na presente ação, para este momento, duas hipóteses para o credor: I) aceitar a penhora dos bens ofertados pela ré; II) requerer audiência de esforço conciliatório para tentar compor a demanda, considerando que houve pagamento parcial e o débito não é expressivo."

Inconformada, a exeqüente alega que a M. é a própria O. I. S/A, haja vista o capital social com que participa da mesma (99,999383%), o que acarreta desconsideração da personalidade jurídica e inclusão daquela no pólo passivo da execução.

Salienta que a empresa M., conforme ofício extraído por S. (fl. 77), possui o mesmo endereço comercial das Agravadas.

Assevera que a O. I. S/A vale-se da empresa M. para impossibilitar a penhora de direitos creditícios, em verdadeira fraude.

Pugna a aplicação da Teoria da Desconsideração da Personalidade Jurídica no caso concreto. Cita jurisprudência.

Requer a concessão de efeito suspensivo e, ao final, o provimento do agravo a fim de incluir a empresa M., no pólo passivo da execução.

O recurso foi admitido às fls. 113-121 e agregado o efeito suspensivo postulado, determinando a penhora dos créditos existentes em nome da M., oriundos da distribuição de produtos fabricados pela O. I. S/A junto às empresas B., C. Z., S. D., e C. Determinou-se a intimação das Agravadas e solicitaram-se informações.

Decorreu o prazo legal sem qualquer manifestação das recorridas (fl. 128).

À fl. 131, o Juízo monocrático informou ter a Agravante cumprido o disposto no art. 526, do Código de Processo Civil.

É o relatório.

Voto

Eminentes colegas.

A matéria objeto do presente recurso já foi analisada à saciedade quando da agregação de efeito suspensivo, motivo pelo qual, a fim de evitar tautologias, reporto-me aos fundamentos expendidos às fls. 113-121, nestes termos:

"Inicialmente, anoto que muito antes da recente entrada em vigor do Novo Código Civil (Lei nº 10.406, de 10.01.2002), os pretórios pátrios já admitiam a aplicação no Brasil da *disregard doctrine*.

Em síntese, a doutrina da desconsideração da personalidade jurídica pode ser definida como uma transposição, pelo Poder Judiciário, da linha divisória entre a pessoa jurídica e a de seus sócios (pessoas físicas ou outras pessoas jurídicas) – em casos concretos –, onde reste comprovado que aquela é utilizada com abuso de direito, para fraudar a lei ou prejudicar terceiros.

O arrimo legislativo invocado pelos aplicadores do Direito, a fim de demonstrar a admissibilidade do instituto no ordenamento jurídico nacional era o art. 2º, § 2º, da Consolidação das Leis Trabalhistas, o art. 135, inc. II, do Código Tributário Nacional e, mais recentemente, o art. 28, do Código de Defesa do Consumidor (Lei 8.078/1990).

A doutrina e a jurisprudência também sustentavam que a desconsideração da personalidade jurídica era admissível no ordenamento como decorrência do Princípio Geral da Boa-fé, que veda o uso abusivo do direito, e da cláusula geral sobre a ordem pública, insculpida no artigo 17 da Lei de Introdução do Código Civil.

O novel diploma de Direito Privado (Lei 10.406/2002), tornou cristalina a aplicabilidade da doutrina da desconsideração, dispondo expressamente em seu art. 50:

"Art. 50 – Em caso de abuso da personalidade jurídica, caracterizado pelo desvio de finalidade, ou pela confusão patrimonial, pode o juiz decidir, a requerimento da parte, ou do Ministério Público quando lhe couber intervir no processo, que os efeitos de certas e determinadas relações de obrigações sejam estendidos aos bens particulares dos administradores ou sócios da pessoa jurídica."

No caso em apreço, a Agravante sustenta que a O. I. S/A está utilizando-se de uma sociedade por cotas de responsabilidade limitada (M. I. C. E. Ltda.) para frustrar a satisfação do seu crédito na ação executiva *sub judice*.

Da análise dos documentos com que o agravo de instrumento foi instruído, tenho restar comprovado que o grupo empresarial recorrido está valendo-se da personalidade jurídica da empresa M. para dificultar a satisfação do crédito da Agravante.

Restou decidido nos autos que a U. P. A. tem o direito de penhorar créditos que as Agravadas tenham junto às empresas B., C. Z. até o montante devido em execução (fls. 42-45).

Todavia, como restou elucidado no decorrer do feito executivo em Primeiro Grau, tal penhora foi impossibilitada porque não são as Agravadas quem distribuem os produtos que fabricam – "C. S. D." e "S." (fls. 59 e 60) –, mas sim, a M. I. C. E. Ltda.. (fls. 52, 53, e 77).

Tal fato, por si só, não configuraria abuso da personalidade jurídica da M. I. C. E. Ltda. Porém, como está comprovado às fls. 67-76, também esta empresa faz parte do grupo empresarial O., tendo como controladora a O. I. S/A.

Da atenta leitura do Contrato Social da M., verifica-se que esta é fruto da cisão parcial do patrimônio da empresa O.t-O. E. P. Ltda. (fl. 68), bem assim que, em sua quinta alteração do contrato social, datada de 15.03.1999, constam como sócios cotistas: a O. I. S/A, detentora quase que da totalidade das cotas sociais (4.869.970 de um total de 4.870.000); R., que é presidente da O., possui 28 cotas; J. P. L., contador, e C. J. S., cada um, detêm apenas 1 cota do capital social (fls. 74-76).

O objetivo social da empresa, como se infere do Capítulo I, Cláusula Segunda do Contrato Social (fl. 68) é a fabricação de artefatos de material plástico, metálico, papel, papelão e outros materiais para embalagens e acondicionamento, e sua comercialização. Contudo, como restou comprovado nos autos, muito mais do que comerciar embalagens, a M. é quem comercia no mercado os próprios produtos fabricados pela O. I. S/A.

A situação fática apresentada é singela.

A O. I. S/A fabrica os produtos (v.g. "C. S. D." e "S."), porém, quem os comercializa perante os grandes atacados desta Capital é a M. I. C. E. Ltda. Por via de conseqüência, não é possível os credores da O. I. S/A pretenderem a penhora de eventuais créditos que esta tenha perante os estabelecimentos referidos, porque, embora apenas formalmente, nunca tem créditos a receber pela venda dos produtos que fabrica.

A ausência de créditos nominais em favor da O. I. S/A é apenas formal e demonstra, *in re ipsa*, a utilização da M. como um escudo para se livrar de constrições patrimoniais como a pleiteada neste feito executivo.

Embora formalmente distintas M. I. C. E. Ltda. e O. I. S/A, a verdade é que, no mundo dos fatos, há identidade entre ambas.

A assertiva resta roborada no fato de a O. I. S/A ser a controladora da referida sociedade por cotas de responsabilidade limitada, bem assim de a M. ser a distribuidora no mercado dos produtos fabricados pela primeira, o que demonstra que os negócios de uma empresa estão entrelaçados com os da outra.

Estou convencido, e as evidências encontram-se nos autos, que a M. I. C. E. Ltda. integra o mesmo grupo econômico das Agravadas e, na hipótese em análise, está sendo usada como escudo contra a pretensão executória da Agravante.

Tal utilização da personalidade jurídica da M. apresenta-se como abusiva e, portanto, autoriza, pontualmente, a despersonificação da sociedade por cotas de responsabilidade limitada a fim de possibilitar a penhora dos eventuais créditos que tenha no comércio local, fruto da distribuição de produtos fabricados pelas Agravadas.

Saliento que a Corte Especial, quando do julgamento do Recurso Especial nº 86502-SP, relator o eminente Ministro Ruy Rosado de Aguiar, admitiu a desconsideração da personalidade jurídica para atingir empresa do mesmo grupo ou conglomerado, que se forma de fato ou de direito, quando sirva para elidir a responsabilidade por dívidas de seus integrantes.

Consta da ementa:

> "Desconsideração da Pessoa Jurídica – Pressupostos – Embargos de devedor.
> É possível desconsiderar a pessoa jurídica usada para fraudar credores."

Ante o exposto, encaminho o voto no sentido de dar provimento ao agravo de instrumento.

Desembargador Carlos Eduardo Zietlow Duro – De acordo.

Desembargador Orlando Heemann Júnior – De acordo.

II. Penhora

Incidência sobre cotas de sócio majoritário revel. Admissibilidade. Aplicação da teoria da desconsideração da personalidade da pessoa jurídica. Art. 28 do Código de Defesa do Consumidor (Lei 8.078/1990). Hipótese onde há inequívoco abuso de direito do sócio, detentor da maioria das cotas sociais, partícipe de duas empresas no mesmo endereço, sendo uma delas devedora inadimplente, com ofuscamento dos bens suscetíveis de penhora. Constrição mantida. Embargos do devedor improcedentes. Recurso improvido (1º TACIVIL – 6ª Câmara; Apelação Cível 718.319-3-São Paulo; Relator Juiz Oscarlino Moeller; j. 17.02.1998; v.u.).

Acórdão

Vistos, relatados e discutidos estes autos de APELAÇÃO 718319-3, da Comarca de SÃO PAULO, sendo apelante... e apelado...

ACORDAM, em Sexta Câmara do Primeiro Tribunal de Alçada Civil, por votação unânime, negar provimento ao recurso, de conformidade com o relatório e voto do Relator, que ficam fazendo parte integrante do acórdão.

Presidiu o julgamento o Juiz EVALDO VERÍSSIMO e dele participaram os Juízes WINDOR SANTOS (Revisor) e MASSAMI UYEDA.

São Paulo, 17 de fevereiro de 1998.

Oscarlino Meller
Relator

Voto

Embargos à execução – Sentença – Penhora de cotas de sócio em outra empresa – Validade – Aplicação da teoria da desconsideração da personalidade da pessoa jurídica ou *disregard of legal entity*.

A Teoria da desconsideração da personalidade da pessoa jurídica, em bom momento adotada expressamente pelo art. 28 do Código do Consumidor (Lei 8.078, de 11.09.90), aplica-se à hipótese onde há inequívoco abuso de direito do sócio, detentor da maioria das cotas sociais, partícipe de duas empresas no mesmo endereço, uma delas devedora inadimplente, com ofuscamento dos bens suscetíveis de constrição. Sentença de improcedência dos embargos. Apelação improvida.

I

Trata-se de ação de embargos à execução de sentença, julgada improcedente pela r. sentença de fls. 38/41.

Apela tempestivamente a embargante (fls. 43/54), pleiteando a reforma do decisório (fls. 43/54), no sentido de que não se conforma com a constrição de bens de seu sócio, assim que indemonstrado o encerramento de suas atividades sociais, não sendo hipótese de aplicação da teoria da desconsideração da personalidade jurídica da sociedade, por ausência de elementos que a caracterizassem.

Recebido o recurso, foi regularmente processado, respondido, com o devido preparo, inobstante desnecessário por se tratar de hipótese de isenção por força da Lei Estadual nº 4.952, de 27.12.85 e Súmula nº 27 desta Corte – "No Estado de São Paulo, não incide a taxa judiciária, nos embargos do devedor, nem mesmo, a título de preparo, nas apelações opostas contra sentenças nele proferidas (Súmula nº 27 – 1º TACSP – Incidente de Uniformização de Jurisprudência nº 404.339).

É o relatório.

II

Trata-se de execução da sentença condenatória de ação de cobrança em apenso (fls. 70/71 – apenso) onde a ré foi condenada a pagar ao autor a quantia de R$ 15.115,29, mais cominações legais. A memória discriminada apresentara o valor a cobrar na execução de R$ 20.096,80 (fls. 76 – apenso).

A penhora incidiu sobre as cotas de ... na sociedade ..., com sede na Av. ... nesta Capital (fls. 143 – apenso).

A sentença, ao julgar improcedentes os embargos apresentados, dentre outras apreciações, considerou viável a aplicação da teoria da desconsideração da personalidade jurídica em relação à devedora. Com relação a esta última parte é interposto o recurso de apelação.

Nos autos principais, após as tentativas negativas de localização da ré pelo Correio (fls. 40/47 e 52/53), onde se registrara a mudança de local da empresa embargante, houve o sucesso da citação pela citação pessoal através do sócio ... aos 23.06.95 (fls. 66 verso – apenso). O ato fora perpetrado no mesmo local indicado na inicial, Av. ...

Inobstante regularmente citada, não contestara a ré a ação, daí defluindo a aplicação da revelia.

No momento da execução, novamente com sucesso o chamamento pessoal, pelo mesmo sócio, no mesmo endereço, não houve penhora, porque constatara o oficial que os bens lá encontrados não pertenciam à empresa devedora (fls. 79 verso – apenso).

Inobstante, informa a Telesp que o telefone ..., instalado na Av. ..., estava registrado em nome da devedora (fls. 108 – apenso), por carta de 26.03.96, tendo sido já objeto de arresto no Processo nº 24.692/95 (5ª Vara de Campinas).

Observa-se que ... é sócio da devedora, ..., majoritariamente, assim que detém 103.630.800 cotas em relação ao outro sócio, ..., titular apenas de 2.657.200 (fls. 124/127 – apenso), sociedade com sede na Av. ...

Por ângulo diverso, por informação de 30.05.96, por certidão da Junta Comercial do Estado de São Paulo (fls. 136/137 – apenso), se verifica que no mesmo endereço da Av. ..., passa a ter sede a empresa ..., sendo ... um dos sócios.

A realidade social da devedora envolve a situação fática de duas empresas situadas no mesmo endereço, com o mesmo sócio majoritário como titular, ..., propalado em sede de embargos e de razões recursais, que a devedora ainda continuaria em plena atividade.

Trata-se de hipótese típica de confusão patrimonial ensejadora da aplicação da teoria da desconsideração da personalidade da pessoa jurídica, em bom momento adotada expressamente pelo artigo 28 do Código de Defesa do Consumidor (Lei 8.078, de 11.9.90), assim que há inequívoco abuso de direitos do sócio, partícipe de duas empresas no mesmo endereço, uma delas devedora inadimplente, com ofuscamento dos bens suscetíveis de constrição. Os bens individuais dos sócios, neste caso, se confundem com os sociais da ré, permitindo a constrição de uns ou outros.

Improcede o apelo.

III

Conclusivamente, nega-se provimento ao recurso para confirmar a r. sentença apelada, por sua próprios e jurídicos fundamentos.

Oscarlino Moeller
Relator

(Acórdão publicado no Boletim da Associação dos Advogados de São Paulo nº 2.097.)

Bibliografia

ARAGÃO, Muniz. *Comentários ao Código de Processo Civil.* São Paulo: Forense, 1979.

BASTOS, Celso Ribeiro. *Comentários à Constituição do Brasil.* São Paulo: Saraiva, 1988.

BEVILÁQUA, Clóvis. *Código Civil comentado* – Teoria geral do direito civil. Rio de Janeiro: Francisco Alves, 1955.

BITTAR, Carlos Alberto. *Os direitos da personalidade.* Rio de Janeiro: Forense Universitária, 1989.

BITTAR, Eduardo C. B.; CHINELATO, Silmara Juny (Coord.). *Estudos de direito de autor, direito da personalidade, direito do consumidor e danos morais.* Rio de Janeiro: Forense Universitária, 2002.

BRAGA, Pereira. *Exegese do Código de Processo Civil.* Rio de Janeiro: Max Limonad, 1943.

BUCCI, Mário Cezar (Org.). *Estudos de responsabilidade civil.* São Paulo: Ícone, 2003.

CABRAL, Plínio. *A nova lei de direitos autorais* – Comentários. 4. ed. São Paulo: HARBRA, 2003.

COSTA NETTO, José Carlos. *Direito autoral no Brasil.* São Paulo: FTD, 1998.

CHAVES, Antonio. *Dolo* – Enciclopédia Saraiva de Direito. São Paulo: Saraiva, 1977.

CHIOVENDA, Giuseppe. *Instituições de direito processual civil.* São Paulo: Saraiva, 1965.

CRETELLA JÚNIOR, José. *Tratado de direito administrativo.* São Paulo: Forense, 1967.

DELMANTO, Celso. *Código Penal comentado.* São Paulo: Renovar, 1998.

DINIZ, Maria Helena. *Curso de direito civil brasileiro.* 8. ed. São Paulo: Saraiva, 1997.

DUVAL, Hermando. *Direito à imagem.* São Paulo: Saraiva, 1988.

FERNANDES, Milton. *Proteção civil da intimidade.* São Paulo: Saraiva, 1997.

FRANCA FILHO, Marcílio Toscano. *Estudos de Responsabilidade Civil III.* Mário César Bucci (Org.). São Paulo: Ícone, 2003.

FRANÇA, Rubens Limongi. Direitos da personalidade – Coordenadas fundamentais. *Revista do Advogado,* São Paulo, n. 38, 1992.

______. *Fato jurídico* – Enciclopédia Saraiva de Direito. São Paulo: Saraiva, 1977.

GRINOVER, Ada Pellegrini *et al. Código Brasileiro de Defesa do Consumidor.* Rio de Janeiro: Forense Universitária, 2001.

GOMES, Orlando. *Curso de direito civil* – Introdução ao direito civil. 7. ed. Rio de Janeiro: Forense, 1998.

______. *Curso de direito civil* – Direito de família. 10. ed. Rio de Janeiro: Forense, 1998.

HOLANDA, Aurélio Buarque de. *Novo dicionário da língua portuguesa*. 11ª impressão. Rio de Janeiro: Nova Fronteira, 1982.

LEAL, Antonio Luiz da Câmara. *Da prescrição e decadência*. São Paulo: Saraiva, 1978.

LIMA, Alvino. *A fraude no direito civil*. São Paulo: Saraiva, 1965.

MARQUES, José Frederico. *Instituições de direito processual civil*. Rio de Janeiro: Forense, 1966.

MENDONÇA, Carvalho de. *Doutrina e prática das obrigações*. 2. ed. Rio de Janeiro: Francisco Alves.

MIRANDA JÚNIOR, Darcy Arruda; MIRANDA, Darcy Arruda; KUGELMAS, Alfredo Luis. *Código no tribunais*. São Paulo: Jurídica Brasileira, 1993.

MIRANDA, Francisco Cavalcanti Pontes de. *Tratado de direito privado* – Comentários ao Código de Processo Civil. 2. ed. Rio de Janeiro: Forense, 1979.

______. *Tratado de direito privado*. 3. ed. Rio de Janeiro: Borsoi, 1971.

MONTEIRO, Washington de Barros. *Curso de direito civil* – Direito das obrigações. São Paulo: Saraiva, 1972.

______. *Curso de direito civil* – Parte geral. São Paulo: Saraiva, 1977.

______. *Enciclopédia Saraiva de Direito*. São Paulo: Saraiva, 1978.

MONCADA, L. Cabral. *Lições de direito civil*. Coimbra: Atlantida, 1932.

NEGRÃO, Theotônio; GOUVÊA, José Roberto Ferreira. *Código Civil e legislação civil em vigor* – Código de Processo Civil e legislação processual em vigor. São Paulo. Saraiva, 2003.

NERY JÚNIOR, Nelson; NERY, Rosa Maria de Andrade. *Novo Código Civil e legislação extravagante anotados* – Código de Processo Civil comentado e legislação processual civil extravagante em vigor. São Paulo: Revista dos Tribunais, 2002.

NEVES, Yedo Batista. *Código Civil nos tribunais* – Vocabulário prático de tecnologia jurídica e de brocados latinos. Rio de Janeiro: Editora Fase, 1988.

OLIVEIRA, Moacyr. *Estado de perigo* – Enciclopédia Saraiva de Direito. São Paulo: Saraiva, 1977.

PEREIRA, Caio Mário da Silva. *Instituições ao direito civil* – Teoria geral do direito civil. Rio de Janeiro: Forense, 1980.

REALE, Miguel. *Filosofia do direito*. São Paulo: Saraiva, 1957.

REGO, Sueli de Morais *et al.* (Org.) *Direito autoral* – Série jurisprudência. Rio de Janeiro: ADCOAS – Editora Esplanada, 1993.

REQUIÃO, Rubens. Abuso de direito e fraude através da personalidade jurídica. *Revista dos Tribunais*. São Paulo, n. 410, 1969.

RODRIGUES, Silvio. *Direito civil* – Parte geral. São Paulo: Saraiva. 1981 e 2002.

SANTOS, Antonio Jeová. *Dano moral indenizável*. São Paulo: Lejus, 1997.

SANTOS, João Manoel de Carvalho. *Código Civil brasileiro interpretado*. Rio de Janeiro: Freitas Bastos, 1952.

SILVA, De Plácido e. *Vocabulário jurídico*. Rio de Janeiro: Forense, 1980.

SILVEIRA, Newton. *A propriedade intelectual e a nova lei de propriedade industrial*. São Paulo: Saraiva, 1998.

TOURINHO FILHO, Fernando da Costa. *Código de Processo Penal comentado*. São Paulo: Saraiva, 1999.

VALLADÃO, Haroldo. *Direito intertemporal* – Enciclopédia Saraiva de Direito. São Paulo: Saraiva, 1977.

ZULIANI, Ênio. Novo Código Civil – Aspectos relevantes. *Revista do Advogado*, São Paulo, n. 68, 2002.

Índice Remissivo